학생 · 일반인 · 직장인 · 수험생들의
한자 어휘능력 배가 및 인성교육 지침서!.

사자
소학

四字
小學

펜글씨
쓰기

예의범절
인성교육
지침서

김영배 편저

ⓞ 태을출판사

머 리 말

사자소학(四字小學)은 어른을 공경함과 형제나 벗과의 우애, 그리고 언행에 있어서 예의와 바른 처세 등 충효사상(忠孝思想)이 함축된 내용으로 옛날 천자문(千字文)에 앞서 학습했다는 초등 교육의 교과서였다고 한다.

사자소학(四字小學)은 중국 송(宋)나라 때의 유자징(劉者澄)이란 분의 가르침을 모아 편술된 교훈서로써 예의범절(禮義凡節)과 인성교육(人性敎育)의 지침서이다. 이 금옥같은 명구를 4자구로 엮은 것이 사자소학(四字小學)인데 240구를 배열하여 960자로 된 것이 있고, 276구를 배열하여 1104자로 이루어진 두 가지의 것이 있는데, 본서는 그 후자의 것을 엮은 것이다.

현대는 문명의 발전을 거듭하면 할수록 높은 건물의 음영처럼 인심이 각박해져만 가는데 그곳에서의 원만한 처세술과 녹색의 인성을 회복함에 있어 사람들은 문명의 발전의 속도만큼 예의와 인격을 함양할 수 있도록 노력해야만 한다고 생각한다.

이 사자소학의 학습에 있어서 본래부터 주어진 특성이 있다면 어른과 귀여운 자녀가 함께 학습할 수 있다는 것이다. 예도사상(禮度思想)은 아이만 배워야 하는 것이 아니며 남녀노소(男女老少)의 구분이 없을 것이기 때문이다. 인간은 첨단과 인성을 균형 있게 유지하지 못한데서 균열과 붕괴를 초래한다는 말, 오늘날 더욱 그 뜻의 의지를 부여잡지 못한다면 사회는 국경이 없는 무질서로 어지러워 질 수 있음을 각심하여 귀여운 자녀부터 교육해 나아가야 할 것이다.

편자 김 영 배 드림

일 러 두 기

■ 집필법

○볼펜을 잡을 때 볼펜심 끝으로부터 3㎝가량 위로 인지(人指)를 얹고 엄지를 가볍게 둘러대는데 이때 종이바닥면에서 50°~ 60° 정도로 경사지게 잡는 것이 가장 좋은 자세입니다. 단, 손의 크기 또 볼펜의 종류나 폭의 굵기에 따라 개인 차는 있을 수 있습니다.

한자(漢字)에는 해서체(楷書體)·행서체(行書體)·초서체(草書體)가 있고 한글에는 각각 개개의 특유 한글체가 있으나 정자체와 흘림체로 대별하여 설명하자면 각기 그 나름대로 완급(緩急)의 차이가 있으나 해서체나 작은 글씨일수록 각도가 크고 행서·초서·흘림체나 큰 글씨일수록 경사 각도를 낮게하여 50° 이하로 잡습니다. 50°의 각도는 손 끝에 힘이 적게 드는 각도인데, 평소 볼펜이나 플러스펜을 쓸 때 정확히 쓰자면 50°~ 60°의 경사 각도로 볼펜을 잡는 것이 가장 운필하기에 알맞을 자세라고 할 수 있습니다.

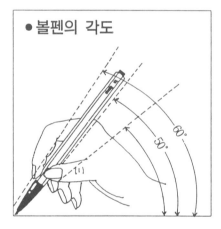

●볼펜의 각도

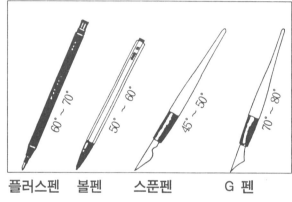

플러스펜 볼펜 스푼펜 G 펜

■ 볼펜과 이외의 용구

○볼펜이나 플러스펜은 현대에서의 보편적이고 합리적인 필기로써 일반적으로 쓰여지고 있습니다. 이외의 것으로 스푼펜을 비롯하여 챠드글씨용의 G펜, 제도용의 활콘펜 등이 있으나 스푼펜은 글씨 연습용으로 가장 적합한 필기구이지만 현실적으로 실용적이라 할 수 없어 볼펜이나 플러스펜으로 연습하려면 지면과의 각도를 크게 그리고 가급적 높게 잡아 쓰는 버릇이 효과를 가져오는데 절대적인 방법일 수밖에 없습니다.

● 펜 의 종 류

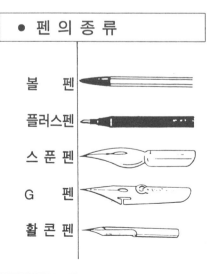

볼   펜
플러스펜
스 푼 펜
G   펜
활 콘 펜

한자의 기본 획

◉ 기본이 되는 점과 획을 충분히 연습한 다음 본문의 글자를 쓰십시오.

上	一	一						
工	二	二						
王	三	三						
少	丿	丿						
大	丿	丿						
女	く	く						
人	乀	乀						
寸	亅	亅						
下	丨	丨						
中	丨	丨						
目	ㄱ	ㄱ						
句	乛	乛						
子	乛	乛						

京	丶	丶							
永	丶	丶							
小	八	八							
火	ソ	ソ							
千	ノ	ノ							
江	シ	シ							
無	灬	灬							
起	走	走							
建	廴	廴							
近	辶	辶							
成	乀	乀							
毛	し	し							
室	宀	宀							
風	乀	乀							

NEW WORK BOOK

重要結構

父生我身	母鞠吾身	腹以懷我
父生我身	母鞠吾身	腹以懷我

부생아신 : 아버님은 나의 몸을 이 세상에 태어나게 하시고 / 모국오신 : 어머님은 나의 몸을 양육(養育)하시었다. / 복이회아 : 어머님의 뱃속에 나를 잉태(孕胎)하시고,

아비 부	날 생	나 아	몸 신	어미 모	기를 국	나 오	몸 신	배 복	써 이	잉태할 회	나 아
父	生	我	身	母	鞠	吾	身	腹	以	懷	我
父	生	我	身	母	鞠	吾	身	腹	以	懷	我

NEW WORK BOOK

重要結構

美辭麗句

景行錄 云「屈己者는 能處重하고 好勝者는 必遇敵이니라.」
경행록에 이르기를 「스스로 굽히는 자는 중요한 일을 잘 처리하고, 이기기를 좋아하는 자는 반드시 적을 만나느니라.」
〔明心寶鑑〕

乳以哺我	以衣溫我
乳以哺我	以衣溫我
유이포아 : 낳으신 후에는 나에게 모유를 먹여 기르셨다.	이의온아 : 옷을 입힘으로써 나를 따뜻하게 하시었고,

젖 유	써 이	먹일 포	나 아	써 이	옷 의	따뜻할 온	나 아
乳	以	哺	我	以	衣	溫	我
乳	以	哺	我	以	衣	溫	我
乳	以	哺	我	以	衣	溫	我

故事散策 結草報恩(결초보은) : 풀을 엮어서 그 은혜를 갚았다는 뜻으로 죽어서까지도 은혜를 잊지 않고 갚는다는 의미의 고사이다. 춘추 시대 때 진(晉)나라에 위무자라는 사람이 애첩을 거느리고 있었는데 그가 죽자 그의 아들인 위과는 아버지의 나중 유언과는 달리 살려서 다른 곳에 시집가게 해주었다. 그후 선공 15년에 진(秦)의 환공이 진나라를 침공하여 보씨에 주둔시켰다. 이 보씨의 전투에서 위과는 적진의 이름난 역사 두회를 사로 잡았다. 한 노인이 두회는 물론 적병들의 발 앞에 풀을 엮어서 걸려 넘어지게 하였으므로 전멸시키는 전과를 올릴 수 있었다. 그날 밤 꿈속에서 그 노인이 나타나 하는 말이 「나는 그대가 시집보내 준 여자의 아비 되는 사람이오. 그대가 선친의 바른 유언을 따랐기 때문에 내가 은혜를 갚은 것이외다.」하고 홀연히 사라졌다는 이야기이다.

NEW WORK BOOK

重要結構

以食飽我	恩高如天	德厚似地
以食飽我	恩高如天	德厚似地

이식포아 : 밥을 먹임으로써 나를 배부르게 하시었다.

은고여천 : 그 은혜는 하늘과 같이 높으시고,

덕후사지 : 그 덕은 땅과 같이 두텁도다.

써 이	먹일 식	배부를 포	나 아	은혜 은	높을 고	같을 여	하늘 천	큰 덕	두터울 후	같을 사	땅 지
以	食	飽	我	恩	高	如	天	德	厚	似	地
以	食	飽	我	恩	高	如	天	德	厚	似	地
以	食	飽	我	恩	高	如	天	德	厚	似	地

NEW WORK BOOK

美辭麗句

馬援曰「終身行善이라도 善猶不足이요 一日行惡이라도 惡自有餘니라.」
마원이 말하기를「일생을 두고 착한일을 행하여도 착함은 오히려 부족하고, 하루 악한 일을 행할지라도 악은 스스로 남아 있느니라.」
〔明心寶鑑〕

爲人子者				曷不爲孝			
爲人子者				曷不爲孝			

위인자자 : 그러하니 사람의 자식으로 태어나,

갈불위효 : 어찌 효도를 하지 않을 수 있으리오.

할 위	사람 인	아들 자	놈 자	어찌 갈	아니 불	하 위	효도 효
爲	人	子	者	曷	不	爲	孝
爲	人	子	者	曷	不	爲	孝
爲	人	子	者	曷	不	爲	孝

故事散策 改過遷善(개과천선) : 예전의 악행이나 부정을 일삼던 과오를 뉘우치며 마음을 고쳐 선하게 된다는 의미의 고사이다. 진나라 혜제 때 양홈 지방에 주처(周處)라고 하는 괴걸이 있었다. 그의 부친인 주방은 동오의 파양 태수를 지냈으나 불행히도 주처가 젖먹일 때 세상을 떠났다. 그 후 자라면서 주처는 점점 망나니로 변해 하루종일 빈둥거리며 방탕해져만 갔다. 남달리 골격이 출충한 그는 걸핏하면 남을 두들겨 패기 일쑤여서 마을 사람들은 그와 마주치는 걸 두려워 하며 회피했다. 뒤늦게서야 자신의 과오를 깨닫고 동오로 건너가 당시 대학자인 육기와 육운 두 형제분을 만나 자신의 반성과 함께 간곡히 제자로 거두어 줄 것을 요청했다. 이때부터 주처는 10여년 동안 품덕과 학문에 전력하여 마침내 동오에서 유명한 대학자로 이름을 날렸다.

世界名言

♡ 만들었일의 시초에 임할 때에는 결과가 어떻게 되는가를 항상 생각하라.
W.바아/알프스 등반가

NEW WORK BOOK

重要結構

欲報深恩				昊天罔極				父母呼我			
欲報深恩				昊天罔極				父母呼我			

욕보심은 : 그래서 그 깊은 은혜를 갚고자 하였으나,

호천망극 : 부모님은 기다려 주시지 않고 돌아가시는도다.

부모호아 : 부모님께서 나를 부르실 때에는,

하고자할 욕	갚을 보	깊을 심	은혜 은	하늘 호	하늘 천	없을 망	다할 극	아비 부	어미 모	부를 호	나 아
欲	報	深	恩	昊	天	罔	極	父	母	呼	我
欲	報	深	恩	昊	天	罔	極	父	母	呼	我

NEW WORK BOOK

重要結構

唯而趨之	有命必從
唯而趨之	有命必從

유이추지:'예'하고 대답함과 동시에 재빨리 다가가서,

유명필종:하명이 있으시면 반드시 복종(服從)하여 받들고,

대답할 유	말이을 이	달릴 추	갈 지	있을 유	목숨 명	반드시 필	좇을 종
맫仨	丁기|	끗쉽역	乀	丿亇二	仒머	丶心	彳休乆
唯	而	趨	之	有	命	必	從
唯而趨之				有命必從			

美辭麗句

「道吾善者는 是吾賦이요 道吾
惡者는 是吾師니라.」
「나를 좋다고 말하여 주는 사
람은 곧 내게 해로운 사람이
고, 나를 싫다고 말하여 주는
사람은 곧 나의 스승이니라.」
　　　　　　　　〔明心寶鑑〕

故事散策 群鷄一鶴(군계일학) : 많
은 닭 가운데 한 마리의
학이란 뜻으로 많은 사람 중 유별
나게 뛰어난 한 사람이 섞여 있는
것을 비유하는 고사이다. 혜소는
죽림칠현의 한 사람으로서 유명한
중산대부 혜강의 아들이다. 혜소
는 10살 때 아버지가 무고한 죄로
당하자 죽림칠현의 한 사람인 산
도가 당시 이부에 있을 때 무제에
게 상주하였다. 「강고에 부자의
죄는 서로 미치지 않는다고 기록
되어 있습니다. 혜소는 혜강의 아
들이긴 하나 그 영특함이 춘추시
대의 진(晉)나라 대부인 극결 못
지 않습니다. 부디 부르셔서 비서
랑을 시켜주옵소서.」이에 황제는
비서랑보다 한 등급 높은 비서승
봉직했다. 그 후 혜소가 처음으로
낙양에 입성하자 어떤 사람이 칠
현의 한 사람인 원융에게 말했다.
「어제 많은 사람들 틈에서 혜소를
보았는데 독립불기한 들학이 닭
무리 속으로 내려앉은 것 같았
네.」라고 하였다.

NEW WORK BOOK

重要結構

勿逆勿怠	父母責之	勿怒勿答
勿逆勿怠	父母責之	勿怒勿答
물역물태:그 명령에 거역하지 말 것이며, 또 주춤거리지도 말아라.	**부모책지**:부모님께서 꾸짖음이 계실지라도,	**물노물답**:성냄이 없어야 하며 말대답도 하지 말아야 한다.

말 물	거스를 역	말 물	게으를 태	아비 부	어미 모	꾸짖을 책	갈 지	말 물	성낼 노	말 물	대답 답
勿	逆	勿	怠	父	母	責	之	勿	怒	勿	答
勿	逆	勿	怠	父	母	責	之	勿	怒	勿	答
勿	逆	勿	怠	父	母	責	之	勿	怒	勿	答

NEW WORK BOOK

重要結構

美辭麗句

禮記 曰「琢에서 玉不 이면 不成器하고 入不學이면 不知義니라.」
례기가 말하기를 「옥을 다듬지 아니하면 그릇이 되지 못하고, 사람은 배우지 않으면 義를 알지 못하느니라.」

〔明心寶鑑〕

侍坐親前				勿踞勿臥			

侍坐親前 　　 勿踞勿臥

시좌친전 : 부모님을 모시고 그 옆에 앉을 경우.

물거물와 : 무릎을 가지런히 세우고 앉아야지, 눕거나 하여서는 아니된다.

모실 시	앉을 좌	어버이 친	앞 전	말 물	걸터앉을 거	말 물	누울 와
侍	坐	親	前	勿	踞	勿	臥
侍	坐	親	前	勿	踞	勿	臥

故事散策 刮目相對(괄목상대) : 눈을 비비고 상대를 자세히 본다는 뜻으로 한동안 보지못한 사이에 상대의 학문이나 기량이 현저하게 발전하였음을 의미하는 고사이다. 삼국이 정립하여 대립 상태가 지속되고 있던 무렵 오나라 손권의 수하 중 여몽이라는 장수가 있었다. 무식하긴 하였으나 전투에선 용맹하여 승진을 거듭하였다. 이윽고 장군이 되었는데, 어느날 손권으로부터 이제 학식도 쌓아야 되지않겠느냐는 충고에 깨달은 바가 커서, 이후 그는 정열을 학업에 쏟게 되었다. 몇 년 후 손권의 수하 중 학식이 뛰어나다는 노숙이 오랜 친구사이였던 여몽을 방문하여 대화를 하던 중 무식할 줄만 알았던 그가 전에 그가 아니었을 만큼 박식하여 깜짝 놀라고 말았다. 「언제 그렇게 학업을 쌓았는가? 이제 학식이 충출하니 이미 오(吳)의 시골구석에 있던 여몽이 아니로군.」

世界名言

♡ 결심한 것이 종종 획득 그 자체가 되고 진지한 결단은 전능한 힘처럼 보일때가 많다.

사무엘스마일스 / 영국 전기 작가

NEW WORK BOOK

重要結構

侍坐親側	勿怒責人	父母出入
侍坐親側	勿怒責人	父母出入

시좌친측:부모님을 모시고 그 옆에 앉을 경우에는

물노책인:성냄이 없이, 남을 책망해서도 아니된다.

부모출입:부모님께서 나가시거나 들어오실 때에는,

모실 시	앉을 좌	어버이 친	곁 측	말 물	성낼 노	꾸짖을 책	사람 인	아비 부	어미 모	날 출	들 입
侍	坐	親	側	勿	怒	責	人	父	母	出	入
侍	坐	親	側	勿	怒	責	人	父	母	出	入
侍	坐	親	側	勿	怒	責	人	父	母	出	入

NEW WORK BOOK

重要結構

每 必 起 立	勿 立 門 中
每 必 起 立	勿 立 門 中

매필기립 : 그때마다 반드시 일어서서 단정히 인사를 여쭈어야 한다.

물립문중 : 문 가운데 서 가로막고 서 있지 말것이며,

매양 매	반드시 필	일어날 기	설 립	말 물	설 립	문 문	가운데 중
每	必	起	立	勿	立	門	中
每	必	起	立	勿	立	門	中
每	必	起	立	勿	立	門	中

美辭麗句

「家和貧也好어니와 不義富如何오 但存一子孝면 何用子孫多리오.」
「집안이 화목하면 가난하여도 좋거니와 서로 의롭지 않으면 부유한들 무엇하리오. 오직 한 자식만 어버이를 섬기면 자손이 많음이 무슨 소용이 있으리오..」

〔明心寶鑑〕

故事散策 曲學阿世(곡학아세) : 요사스럽게 왜곡된 학문을 하여 세상에 아첨한다는 뜻으로 자기 신조나 소신, 철학 등을 저버리고 권세나 시세에 아첨함을 말한다. 전한 4대 경제 때 원고생은 특히 시경에 밝아 박사로 임명된 적이 있었다. 그런데 5대 무제 때 역시 다시 부름을 받게 되었다. 그런데 별볼일 없게될 어리석은 학자들이 황제의 뜻을 되돌려 보려고 원고생에 관한 험담을 늘어 놓았다. 그러나 무제는 간교한 농간을 아랑곳하지 않고 이번엔 산동의 공손홍이라는 소장 학자도 함께 불러 들였다. 공손홍은 무지의 영감이라는 눈초리로 고생을 대했으나 그는 조금도 개의치 않고 이렇게 말을 하였다. 「지금 학문의 도가 흔들려서 속설이 난무하네. 이대로 방치하면 유서깊은 학문의 전통마저 마침내 사설 때문에 그 참모습을 잃게 될거야 부디 자기가 믿는 학설을 숨기면서 세상의 속물들에게 아부하지 말게나.」

世界名言

♡ 날마다 오늘이 당신의 마지막 날이라고 생각하라. 그리고 날마다 오늘이 당신의 처음 날이라고 생각하라.
탈무드

NEW WORK BOOK

重要結構

勿坐房中	出入門户	開閉必恭
勿坐房中	出入門户	開閉必恭
물좌빙중 : 방 한기운데 앉아 있지도 말라.	출입문호 : 집안의 출입구(出入口)를 드나들 때에는,	개폐필공 : 문을 여는 것과 닫는 것을 반드시 공손히 하여라.

말 물	앉을 좌	방 방	가운데 중	날 출	들 입	문 문	지게 호	열 개	닫을 폐	반드시 필	공손할 공
勿	坐	房	中	出	入	門	户	開	閉	必	恭
勿	坐	房	中	出	入	門	户	開	閉	必	恭
勿	坐	房	中	出	入	門	户	開	閉	必	恭

NEW WORK BOOK

重要結構

亦

| 須 | 勿 | 大 | 唾 | 亦 | 勿 | 弘 | 言 |

須勿大唾 亦勿弘言

수물대타 : 모름지기 큰소리를 내어 침을 뱉지 말것이며.

역물홍언 : 또한 큰소리로 말하지 말아야 한다.

모름지기 수	말 물	큰 대	침뱉을 타	또 역	말 물	클 홍	말씀 언

美辭麗句

「畵虎畵皮難畵骨이요 知人知面不知心이니라.」

「범을 그리되 모양은 그릴 수 있으나 뼈는 그리기 어려울 것이요. 사람을 알되 얼굴은 알 수 있으나 그 마음은 알지 못하느니라.」

〔明心寶鑑〕

故事散策 捲土重來(권토중래) : 흙먼지를 날리면서 다시 온다는 뜻으로, 실패한 사람이 다시 분기하여 세력을 되찾는다는 고사이다. 항우를 읊은 시 중에서 두목(杜牧)의 이 시는 특히 유명한 시로써 위 고사를 낳는다.

o승패는 병가도 기할 수 없는 것.
o수치를 참을 수 있음이 바로 남아라.
o강동의 자제에는 준재가 많으니.
o흙먼지 일으키며 다시 왔으면 승패는 없었을 터인데.

〔捲土重來未可知(권토중래미가지)〕

이 시에는 「강동의 부형에 대한 수치를 참고 견디었더라면 우수한 자제가 많은 곳이므로 만회할 수 있었을지도 모르지 않았는가」하고 항우를 애석하게 여기는 정이 넘쳐흐르고 있음을 알 수 있다. 권토중래, 실패하였더라도 다시 분기하면 족히 세력을 되찾을 수 있었을 터인데 하고 애석함을 토로하는 고사이다.

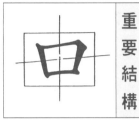

NEW WORK BOOK

重要結構

口 勿 雜 談	手 勿 雜 戲	行 勿 慢 步

구물잡담 : 입으로는 잡담을 늘어 놓지 말것이며,

수물잡회 : 손으로는 손장난을 하지 말아야 한다.

행물만보 : 다닐 적에는 방자하게 걷지 말것이며,

입 구	말 물	섞일 잡	말씀 담	손 수	말 물	섞일 잡	희롱할 회	다닐 행	말 물	거만할 만	걸음 보

NEW WORK BOOK

重要結構

坐勿倚身	父母衣服
坐勿倚身	父母衣服

좌물의신 : 앉아 있을 경우에는 벽에 몸을 기대지 말라.

부모의복 : 방바닥에 놓여 있는 부모님의 의복을,

앉을 좌	말 물	의지할 의	몸 신	아비 부	어미 모	옷 의	옷 복
坐	勿	倚	身	父	母	衣	服
坐	勿	倚	身	父	母	衣	服
坐	勿	倚	身	父	母	衣	服

美辭麗句

「知足者는 貧賤亦樂이요, 不知足者는 富貴亦憂니라.」

「만족함을 아는 자는 가난하고 천하여도 역시 즐거울 것이요, 만족할 줄 모르는 자는 부유하고 귀할지라도 역시 우려함이 있을 것이니라.」

〔明心寶鑑〕

故事散策 杞憂(기우) : 기인지우(杞人之憂)의 줄임말로 기(杞)나라 사람의 근심이란 뜻으로, 공연히 쓸데없는 걱정이나 아무런 이익도 없는 근심을 말하는 고사이다. 기국(杞國)에 어떤 사나이가 있었다. 그 사나이는 만약 하늘이 무너지고 땅이 꺼지면 몸둘 곳이 없어진다는 걱정으로 밤잠을 이루지 못하고 식음까지 전폐한 채 걱정만 하고 있었다. 그러자 사정을 딱하게 여긴 친구가 찾아와 이렇게 설명하였다.「하늘은 공기가 쌓인 것 뿐으로 공기가 없는 곳이란 있을 수 없지. 몸을 움직이는 것도 언제나 하늘 속에서 하고 있는 것이니 하늘이 무너진다는 걱정은 할 필요가 없다네.」「왜 대지는 꺼지지 않지?」「대지는 흙덩이가 쌓인 것 뿐이라네. 그것이 사방에 꽉 차서 흙이 없는 곳이 없지. 뛰거나 달리거나 항상 지상에 있지 않는가?」하니 비로소 그는 속이 후련해 졌다는 것이다.

NEW WORK BOOK

重要結構

勿踰勿踐	膝前勿坐	面上勿仰
勿踰勿踐	膝前勿坐	面上勿仰

물유물천 : 넘지도 말고, 밟지도 말아야 한다.

슬전물좌 : 부모님의 무릎 앞에 앉지 말것이며,

면상물앙 : 자기 얼굴을 쳐들고 부모님의 얼굴을 올려다보지 말라.

말 물	넘을 유	말 물	밟을 천	무릎 슬	앞 전	말 물	앉을 좌	낮 면	위 상	말 물	우러를 앙
勿	踰	勿	踐	膝	前	勿	坐	面	上	勿	仰
勿	踰	勿	踐	膝	前	勿	坐	面	上	勿	仰
勿	踰	勿	踐	膝	前	勿	坐	面	上	勿	仰

NEW WORK BOOK

重要結構

父母臥命	俯首聽之
父　母　臥　命	俯　首　聽　之

부모와명 : 부모님께서 누운채로 무엇을 시키시더라도,

부수청지 : 고개를 숙이고 그 시키는 일을 다소곳이 해야 한다.

아비 부	어미 모	누울 와	명령할 명	구부릴 부	머리 수	들을 청	이(갈) 지
ノ乀	乚⺊	臥人	今pP	仁小	⺍⺼	耳悳	フ乀
父	母	臥	命	俯	首	聽	之
父	母	臥	命	俯	首	聽	之

美辭麗句

「耳不聞人之非하고 目不視人之短하고 口不言人之過라야 庶幾君子니라.」

「귀로 남의 그릇됨을 듣지 말고, 눈으로 남의 모자람을 보지 말고, 입으로 남의 허물을 말하지 말아야 이것이 군자이니라.」

〔明心寶鑑〕

故事散策 累卵之危(누란지위) : 누란(累卵)은 높게 쌓아올린 알이란 뜻으로 조금만 건들여도 와르르 무너질 상태, 즉 아주 조급하고 위험한 상태에 직면해 있음을 말하는 고사이다. 전국시대 때 위나라에서 억울한 죄명으로 죽게 될 순간 구사일생으로 살아난 범수는 장록이란 가명으로 행세하여 마침 위나라에 사신으로 왔다 돌아가는 진나라 왕계의 도움을 받아 진나라로 망명하게 된다. 왕계는 진왕에게 장록에 대해 보고했다. 「위나라에 장록이란 사람이 있는데 그는 누구도 따르지 못할 변사(辯士)였습니다. 그가 말하기를 〈진나라는 지금 알을 쌓아 둔 것보다도 더 위험하니 나를 얻으면 안전하게 될 수 있다. 그러나 이것을 글로 전할 수 없다〉고 하는 터라 신과 함께 왔습니다.」 이렇게 하여 범수는 진왕에게 원교근공(遠郊近攻)의 대외정책을 진언하는 등 많은 공을 세웠다.

NEW WORK BOOK

重要結構

鷄鳴而起	必盥必漱	晨必先起
鷄鳴而起	必盥必漱	晨必先起
계명이기 : 새벽에 일어나서는,	필관필수 : 반드시 세수하고 반드시 양치질을 해야 한다.	신필선기 : 새벽에는 반드시 부모님보다 먼저 일어나야 하고,

닭 계	울 명	말이을 이	일어날 기	반드시 필	손씻을 관	반드시 필	양치질 수	새벽 신	반드시 필	먼저 선	일어날 기
鷄	鳴	而	起	必	盥	必	漱	晨	必	先	起
鷄	鳴	而	起	必	盥	必	漱	晨	必	先	起
鷄	鳴	而	起	必	盥	必	漱	晨	必	先	起

世界名言

NEW WORK BOOK

重要結構

美辭麗句

景行錄 云「坐密室을 如通衢하고 馭寸心을 如六馬하면 可免過니라.」
경행록에 이르기를「좁은 방에 앉았기를 네거리 길을 다니는 것같이 하고, 작은 마음 누리기를 여섯 필의 말을 부리는 것같이 하면 가히 허물을 면하느니라.」
〔明心寶鑑〕

暮須後寢				父母有病			
暮須後寢				父母有病			

모수후침 : 밤에는 모름지기 부모님보다 늦게 자야 한다.

부모유병 : 부모님이 병환(病患) 중에 계시면.

저물 모	모름지기 수	뒤 후	잠잘 침	아비 부	어미 모	있을 유	병들 병
暮	須	後	寢	父	母	有	病
暮	須	後	寢	父	母	有	病

故事散策 老馬之知(노마지지) : 모르는 것이 없다고 잘난 체하여도 때로는 늙은 말이나 개만도 못할 수가 있다는 말로, 의역하여 아무리 하찮은 인간이라도 자기 나름대로의 장점과 특징을 지니고 있음을 뜻하는 고사이다. 제(齊)의 항공은 병사를 이끌고 고죽을 정벌하러 나섰다. 출병할 때는 봄이었으나 싸움이 끝나 개선할 때는 이미 겨울이었다. 한겨울 제의 군대는 오는 중도에서 길을 알지 못해 길을 헤매이게 되었다. 전진하는 것은 위험하다고 생각한 지혜많은 재사 관중은 전군에게 정지 명령을 내리고 야숙하기를 권했다. 날이 밝아지면 길도 쉬 알 수 있을 것이라 생각했지만 날이 새어도 상황은 마찬가지여서 항공은 어찌할 지 몰라 하는데 관중이 제안했다. 「이런 때는 노마(老馬)의 지혜도 쓸모 있죠.」하고 늙은 말 풀어 따르니 노마는 오리무중한 길을 쉬 안내하였다 한다.

世界名言

♡ 겸손한 논의도 뻐기는 사람에게는 거만의 씨가 되고, 겸양한 사람에게는 겸손의 씨가 된다.

B. 파스칼 / 팡세

NEW WORK BOOK

重要結構

憂	而	謀	瘳	父	母	不	食	思	得	良	饌
憂	而	謀	瘳	父	母	不	食	思	得	良	饌

우이모추: 근심으로 병환이 빨리 나을 수 있도록 정성을 다해야 하며,

부모불식: 부모님께서 진지를 잡수시지 아니할 때에는,

시득양찬: 사려 깊게 부모님의 입에 맞는 좋은 반찬을 다시 마련하여 올리도록 하여라.

근심 우	말이을 이	꾀할 모	병나을 추	아비 부	어미 모	아니 불	밥 식	생각할 사	얻을 득	어질 량	반찬 찬

NEW WORK BOOK

美辭麗句

家語云 「水至淸則無魚하고 人至察則無徒니라.」
가어에 이르기를 「물이 지극히 맑으면 고기가 없고, 사람이 너무나 살필 것 같으면 친구가 없느니」라 하였다.

〔明心寶鑑〕

飲食親前				毋出器聲			

음식친전 : 부모님앞에서 음식을 먹을 때에는,

무출기성 : 그릇 소리가 나지 않도록 하여야 한다.

마실 음	밥 식	어버이 친	앞 전	말 무	날 출	그릇 기	소리 성
飲	食	親	前	毋	出	器	聲
飲	食	親	前	毋	出	器	聲
飲	食	親	前	毋	出	器	聲

故事散策 内助之賢(내조지현) : 남편이 어질고 정숙한 아내의 도움을 받는다는 뜻이다. 안영은 전국시대 제나라의 명신으로서 자는 평중이라 하였고 후에 재상이 된 인물이다. 몸이 남달리 작았지만 재능이 뛰어나 그의 이름은 제후들에게 널리 알려졌다. 어느 날 안영이 외출을 하게 되어 마부가 이끄는 마차를 타고 가게 되었다. 마부의 아내는 현명하고 정숙한 여자였는데 마차가 집앞을 지날 때 문틈으로 보니 그의 남편이 마부인 처지에 말채찍을 휘어잡고 우쭐거리며 마차를 모는 것이었다. 남편이 귀가했을 때 아내는 남편을 심히 질책하였고 마부는 이후부터 태도가 일변해 항상 겸허하고 다정해졌다. 안영이 이상히 여겨 까닭을 물으니 마부는 그날 아내의 애기를 하였다. 안영은 그가 아내의 말을 받아들여 자기의 잘못을 고쳐나가는 태도를 보고는 그를 인정해 드디어 대부의 벼슬로 천거해 주었다.

NEW WORK BOOK

重要結構

衣服雖惡				與之必着				飮食雖厭			
衣服雖惡				與之必着				飮食雖厭			
의복수악 : 의복이 비록 나쁘다 할지라도,				여지필착 : 부모님이 주시거든 공손히 받아 반드시 입어라.				음식수염 : 어떤 음식이 비록 싫더라도,			
옷 의	옷 복	비록 수	악할 악	줄 여	이(갈) 지	반드시 필	입을 착	마실 음	먹을 식	비록 수	싫을 염
衣	服	雖	惡	與	之	必	着	飮	食	雖	厭
衣	服	雖	惡	與	之	必	着	飮	食	雖	厭
衣	服	雖	惡	與	之	必	着	飮	食	雖	厭

NEW WORK BOOK

重要結構

美辭麗句

莊子曰「事雖小나 不作이면 不成이오 子雖賢이나 不教면 不明이니라.」

장자께서 말씀하시기를 「일은 비록 작더라도 하지 아니하면 이루지 못할 것이요, 자식은 비록 어질지라도 가르치지 아니하면 현명하지 못하느니라.」
〔明心寶鑑〕

賜之必嘗	平生一欺

賜之必嘗 — 사지필상 : 부모님이 주시거든 반드시 감사하게 먹어야 한다.

平生一欺 — 평생일기 : 평생에 단 한번 일지라도 부모님을 속인다면,

줄 사	이(갈) 지	반드시 필	맛볼 상	평평할 평	날 생	한 일	속일 기

故事散策 斷機之教(단기지교) : 학업을 중도에 포기하는 것은 짜던 베의 날을 끊는 것과 같아 아무런 이익이 될 수 없음을 뜻한 말로 학업을 중단하면 아니 감만 못하다는 고사이다. 맹자가 집을 떠나 유학하게 된 지 얼마 되지 않아 뜻밖에 집을 찾아온 적이 있었다. 귀한 아들인 만큼 기뻐해야 할 어머니인데도 전혀 기쁜 내색이 없었다. 「공부는 모두 끝마쳤느냐?」「벌써요? 그게 아니라 어머님이 보고싶어 잠시 다녀가려고 왔습니다.」 이에 맹자의 어머니는 아무 말 없이 가위를 들어 짜고 있던 베를 잘라 버렸다. 북이며 바디며 잉앗대가 바닥으로 떨어져 흩어졌다. 맹자는 놀라 물었다. 「어떻게 된 일입니까, 어머니?」「네가 공부를 도중에 그만둔다면 내가 짜던 베를 다 마치지 못하고 이처럼 끊어 버리는 것과 다를 것이 없다.」하고 맹자를 엄중히 경계시켰다.

NEW WORK BOOK

重要結構

其罪如山	若告西適	不復東往
其罪如山	若告西適	不復東往
기죄여산 : 그 죄는 태산과 같이 큼이니라.	약고서적 : 만약 서쪽으로 간다고 부모님께 아뢰었으면,	불부동왕 : 달리 동쪽으로 가는 것과 같은 행동은 하지 말고,

그 기	죄 죄	같을 여	메 산	만약 약	알릴 고	서녘 서	갈 적	아니 불	다시 부	동녘 동	갈 왕
其	罪	如	山	若	告	西	適	不	復	東	往
其	罪	如	山	若	告	西	適	不	復	東	往

NEW WORK BOOK

出必告之	返必拜謁

出必告之　返必拜謁

출필고지 : 외출(外出)할 때에는 반드시 이를 부모님께 아뢰고,

반필배알 : 집에 돌아와서는 반드시 부모님께 절하고 뵈어라.

날 출	반드시 필	알릴 고	갈 지	돌이킬 반	반드시 필	절 배	아뢸 알
出	必	告	之	返	必	拜	謁
出	必	告	之	返	必	拜	謁

美辭麗句

馬援曰「聞人之過失이어든 如聞父母之名하여 耳可得聞이언정 口不可言也니라.」
마원이 말하기를「남의 허물을 듣거든 부모의 이름을 들은 것과 같이 하여 귀로 가히 들을지언정 입으로 말하지 말지니라.」

〔明心寶鑑〕

故事散策 大器晩成(대기만성) : 큰 그릇은 오랜 시간에 걸쳐서 많은 노력을 들인 뒤에라야 완성된다는 뜻으로 큰 일이나 큰 인물은 쉬 이루어지는 것이 아니라 각고의 끝에 이루어진다는 고사이다. 「최대의 사각은 지나치게 커서 그 모퉁이가 보이지 않을 만큼 최고의 가치가 있는 그릇은 오랜 시간 동안 공을 들인 후에 완성된다. 가장 힘이 강한 소리는 소리가 나지 않음과 같이 절대적인 불변의 도(道)는 너무나 광대해서 그 정체를 포착할 수 없기 때문에 참된 도인 것이다.」노자의 말로서, 여기서의 도는 유교가 말하는 사람이 지켜 행해야 할 도와는 다르다. 원문에서 나온 대기만성의 본래의 의미는 큰 그릇은 덜된 것처럼 보인다고 말하고 있다. 즉 원래 위대하고 훌륭한 것은 보통 사람의 눈이나 생각으로는 어딘가 덜된 것 같고 그 반대인 것처럼 느껴진다는 것이다.

NEW WORK BOOK

重要結構

勿與人鬪	父母憂之	見善從之

물여인투：사람들과 다투거니 싸 / 우지 말라 만약 남들과 싸우면,

부모우지：부모님께서 이를 심히 / 걱정하신다.

견서종지：착한 일을 보거든 이 / 를 본받아 행하여 따르고,

말　　물	더불어 여	사람 인	다툴 투	아비 부	어미 모	근심 우	갈　　지	볼　　견	착할 선	좇을 종	이(갈) 지

NEW WORK BOOK

重要結構

知過必改				言行相違			
知過必改				言行相違			

지과필개 : 자신의 과실을 알면 반드시 이를 고처라.

언행상위 : 말과 행동이 서로 다르게 잘못을 범하면,

알 지	허물 과	반드시 필	고칠 개	말씀 언	행할 행	서로 상	잘못 위
知	過	必	改	言	行	相	違
知	過	必	改	言	行	相	違
知	過	必	改	言	行	相	違

美辭麗句

子曰「君子는 成人之美하고 不成人之惡하나니 小人은 反是니라.」

공자께서 말씀하시기를 「군자는 남의 좋은 점을 이루어지게 하고 남의 약한 점을 이루어지지 못하게 하거니와, 소인은 이와 반대이니라.」

〔論語〕

故事散策 桃園結義(도원결의) : 전한(前漢)은 외척에 의해 망했고 후한(後漢)은 환관에 의해 망했다. 그러나 후한의 직접적인 붕괴의 원인은 황건적에 의해서였다. 어려운 국정에 거듭되는 흉년으로 아사 직전의 백성들은 태평도의 교조 장각의 깃발 아래로 모여들어 누런 수건을 두르고 황건적이 되었는데 그 수가 무려 50만을 헤아렸다. 황건적을 진압하기 위해 정부에서는 각 지방에 의용군을 모집하라는 명령을 내렸다. 그 게시판 앞에 발길을 멈춘 유비는 한숨을 내쉬었다. 이때, 「왜 나라를 위해 싸울 생각은 않고 한숨만 쉬는 거요?」하고 고함치는 자가 있었으니 장비였다 두 사람은 서로 인사를 교환하고 가까운 주막에 들어가 한 잔 하고 있는데 한 거한이 들어와 예사 인물이 아닌 유비를 보고와서 통성명을 하며 이윽고 의형제를 맺고 천하를 위해 다짐하게 된다.

NEW WORK BOOK

重要結構

辱及于先	我身能善	譽及父母

辱及于先：그 욕됨이 자기 선조(先祖)에게까지 미친다.

아신능선：내 자신이 능히 착하게 행동하면,

예급부모：그 명예(名譽)가 부모님께도 미치게 된다.

욕 욕	미칠 급	어조사 우	먼저 선	나 아	몸 신	능할 능	착할 선	기릴 예	미칠 급	아비 부	어미 모
辱	及	于	先	我	身	能	善	譽	及	父	母
辱	及	于	先	我	身	能	善	譽	及	父	母
辱	及	于	先	我	身	能	善	譽	及	父	母

NEW WORK BOOK

重要結構

美辭麗句

子曰「三人行에 必有我師焉이니 擇其善者而從之하고 其不善者而改之니라.」
공자께서 말씀하시기를 「셋이 함께 가면 필히 내 스승이 있게 마련이니 선한 쪽을 골라 이를 따르고 악한 쪽을 골라 이를 고쳐야 하느니라.」
〔論語〕

夏則凉枕	冬則溫被
夏則凉枕	冬則溫被

하즉양침 : 여름에는 부모님의 베개를 서늘하게 해 드리고.

동즉온피 : 겨울에는 부모님이 덮으시는 이불을 따뜻하게 해 드려라.

여름 하	곧 즉	서늘할 량	베개 침	겨울 동	곧 즉	따뜻할 온	이불 피

NEW WORK BOOK

重要結構

若 得 美 果	歸 獻 父 母	室 堂 有 塵
若 得 美 果	歸 獻 父 母	室 堂 有 塵
약득미과 : 만약 맛있는 과실을 얻게 되거든 먼저 먹지 말고,	귀헌부모 : 집으로 가지고 돌아와서 그 과실을 부모님께 드리도록 하여라.	실당유진 : 집 안에 티끌이 있거든,

만약 약	얻을 득	아름다울 미	과실 과	돌아올 귀	드릴 헌	아비 부	어미 모	집 실	집 당	있을 유	티끌 진
若	得	美	果	歸	獻	父	母	室	堂	有	塵
若	得	美	果	歸	獻	父	母	室	堂	有	塵

NEW WORK BOOK

重要結構

常以帚掃　暑勿寒衣

常以帚掃　暑勿寒衣

상이추소 : 항상 비로 쓸어서 깨끗하게 하여라.

서물건의 : 날씨가 덥다 하더라도 부모님 앞에서는 옷을 걷어 올리지 말것이며,

항상 상	써 이	비 추	쓸 소	더울 서	말 물	걷을 건	옷 의

美辭麗句

子曰「父母在이시어든 不遠遊하며 遊必有方이니라.」
공자께서 말씀하시기를 「부모가 살아계시면 멀리 다니지 말아야 하며, 나가게 되거든 반드시 장소를 알려 드려야 하느니라.」

〔論語〕

故事散策 同病相憐(동병상련) : 같은 병을 앓고 있는 사람끼리 서로 연민의 정을 품는다는 뜻으로, 비슷한 처지의 사람끼리 상대를 잘 이해하고 동정하며 위하게 된다는 고사이다. 아버지와 형이 역적의 누명으로 죽임을 당하자 초나라에서 오나라로 망명한 오자서는 공자광을 만나 마침내는 초나라에 아버지와 형의 복수를 하게 된다. 오자서를 공자광에게 추천한 사람은 관상을 잘보기로 유명한 피리란 사람으로서 피리는 오자서의 거지 행색을 하며 방랑하는 자만은 아니라는 것을 알아차리고 예사 인물이 아님을 알았던 것이다. 그리하여 공자광은 오자서의 도움으로 오나라의 왕이 되어 이름을 합려로 고쳤다. 이 시기에 초나라에서 백주리의 아들 백비가 찾아와 오자서의 아버지를 죽게한 비무기란 간신에 의해 그의 아버지 역시 죽임을 당했다 하니 그를 합려왕에게 천거하여 대부란 벼슬에 봉직케 하였다.

世界名言

♡ 사람은 누구나 혼자의 생애를 혼자서 살고, 자기 혼자의 죽음을 혼자서 죽는다.
J.P. 야곱센 / 마리 그루베 부인

NEW WORK BOOK

重要結構

亦勿揮扇	身體髮膚	受之父母
亦勿揮扇	身體髮膚	受之父母
역물휘선:또한 함부로 부채질을 하지도 말아라.	신체발부:자기의 머리털과 피부, 곧 자신의 신체는,	수지부모:부모님으로부터 이어받은 것이니,

또 역	말 물	휘두를 휘	부채 선	몸 신	몸 체	터럭 발	살갗 부	받을 수	이(갈) 지	아비 부	어미 모
亦	勿	揮	扇	身	體	髮	膚	受	之	父	母
亦	勿	揮	扇	身	體	髮	膚	受	之	父	母

NEW WORK BOOK

重要結構

不敢毁傷 孝之始也

不敢毁傷 孝之始也

불감훼상 : 몸을 상하지 않게 하는 것이야말로,

효지시야 : 바로 효도의 시작일 것이니라.

아니 불	감히 감	헐 훼	상할 상	효도 효	이(갈) 지	비로소 시	어조사 야

美辭麗句

子曰「君子는 泰而不驕하고 小人은 驕而不泰니라.」
공자께서 말씀하시기를 「군자는 태연하되 교만하지 않고, 소인은 교만하되 태연하지 못하니라.」
〔論語〕

故事散策 得魚忘筌(득어망전) : 고기를 잡고 난 후 고기를 잡을 때 썼던 통발을 잊어버린다는 말로, 어떤 목적이 달성되면 그동안 도움이 되었던 것들이나 은인을 까맣게 잊고 그 은혜를 보답하는 일조차 잊는다는 고사이다. 「전(筌)은 고기를 잡기 위한 도구이나 고기를 잡고나면 전을 곧 잊어버린다. 제(蹄)는 토끼를 잡기 위한 덫이나 토끼를 잡고나면 곧 그것을 잊어버린다. 말은 뜻을 나타내는 것, 이것 역시 그 뜻을 알게 되면 그 말은 잊어버린다.」고 장자는 이 세가지의 보기를 들어 말했다. 「나는 참된 뜻을 깨달은, 말같은 것은 잊어버려 얽매이지 않는 사람과 만나 이야기 해보고 싶다.」 그 마음의 밑바닥에는, 참된 뜻이란, 말로는 가히 전할 수 없는 것이라는 생각이 흐르고 있다. 모름지기 은혜를 잊지 않고 다 갚지 못할지언정 갚으려는 마음이 도리라는 것이다.

NEW WORK BOOK

重要結構

立身行道	揚名後世	以顯父母
立身行道	揚名後世	以顯父母
입신행도 : 출세하여 바른 일을 행하면,	양명후세 : 이름을 후세에도 드날리게 되리라.	이현부모 : 그리하여 부모님의 명성을 빛나게 함이,

설 립	몸 신	행할 행	길 도	날릴 양	이름 명	뒤 후	세대 세	써 이	나타날 현	아비 부	어미 모
立	身	行	道	揚	名	後	世	以	顯	父	母
立	身	行	道	揚	名	後	世	以	顯	父	母
立	身	行	道	揚	名	後	世	以	顯	父	母

重要結構

世界名言

♡ 추위에 떨었던 자만이 태양의 따뜻함을 느낀다. 인생의 고뇌를 겪은 자만이 생명의 존엄을 안다.
W. 휘트먼 / 풀잎

NEW WORK BOOK

美辭麗句

子曰「躬自厚하며 而薄責於人이면 則遠怨矣니라.」
공자께서 말씀하시기를 「자기 스스로 택하기를 후하게 하고, 남을 책망하기를 가볍게 하면 남의 원망이 멀어지느니라.」
〔論 語〕

孝之終也	事親如此
孝之終也	事親如此
효지종야 : 효도의 마침이니라.	사친여차 : 부모님 섬기는 것이 이와 같다면.

효도 효	이(갈) 지	마칠 종	어조사 야	섬길 사	아버이 친	같을 여	이 차
		終					
孝	之	終	也	事	親	如	此
孝	之	終	也	事	親	如	此

故事散策 登龍門(등용문) : 각고의 노력 끝에 용이 되어서 하늘로 올라간다는 문이란 말로 입신출세의 관문이란 의미의 고사이다. 후한 말 환제 때의 일이다. 발호장군이라는 포악한 양기가 제거되고 대신 선초 등 소위 오사의 환관이 폭정을 자행하기 시작했을 때 일부 정의로운 관료들은 이에 대해 과감히 항쟁을 전개해서 「당고의 화」라는 대규모의 탄압을 불러 일으키게 되는데 이 항쟁의 선봉장인 정의파 영수로 지목되는 인물로 이응이라는 사람이 있었다. 이응은 원례라고 하며 영천 양성 태생이다. 궁정은 환관의 발호로 강기 퇴폐가 심하였으나 이응은 홀로 명교의 호지자로 자처하고 절조를 지켰으므로 명성이 날로 높아져 태학의 청년 학생들은 그를 가리키어 「천하의 모범은 이원례」라 일컬었고 신진 관료사인들도 그와 친분을 갖거나 추천받은 것을 명예로 삼고 이것을 「등용문」이라 칭하였다.

NEW WORK BOOK

重要結構

可謂人子	不能如此	禽獸無異
可謂人子	不能如此	禽獸無異
가위인사 : 가히 사람의 자식이리 말할 수 있을 것이요,	불능어차 : 이와 같이 하지 못하다면,	금수무이 : 짐승과 다를 바 없느니라.

옳을 가	이를 위	사람 인	아들 자	아니 불	능할 능	같을 여	이 차	날짐승 금	짐승 수	없을 무	다를 이
可	謂	人	子	不	能	如	此	禽	獸	無	異
可	謂	人	子	不	能	如	此	禽	獸	無	異
可	謂	人	子	不	能	如	此	禽	獸	無	異

NEW WORK BOOK

重要結構

美辭麗句

子曰「朝聞道면 夕死라도 可矣니라.」
공자께서 말씀하시기를 「아침에 도리를 들어서 깨달으면, 저녁에 죽더라도 좋으니라.」
〔論 語〕

事君之道	與父一體

事君之道	與父一體

사군지도 : 임금을 섬기는 도리(道理)도 역시.

여부일체 : 아버님을 섬기는 바와 같음이니라.

섬길 사	임금 군	이(갈) 지	길 도	더불어 여	아비 부	한 일	몸 체
事	君	之	道	與	父	一	體
事	君	之	道	與	父	一	體
事	君	之	道	與	父	一	體

故事散策 無爲而化(무위이화) : 그대로 두어도 저절로 되어 간다는 뜻으로 아무것도 하지 않아도 저절로 잘 고쳐져 나가고 또 감화될 수도 있다는 고사이다. 「천하에 행해서는 안된다는 규율이 많을수록 백성은 가난해진다. 백성들에게 편리한 문명의 도구가 범람할 수록 나라가 혼란해진다. 인간은 지혜나 기술이 향상되면 될수록 괴상한 것들이 나타나고 이것들로 인해 법률이 정밀해지면 해질수록 죄인은 많아진다. 그러므로 성인은 말한다. 내가 하는 것이 없으면 백성들은 스스로 화(和)하고 내가 움직이지 않으면 백성은 스스로 바르게 된다. 내가 일이 없으면 백성은 저절로 잘 살게 되고 내가 욕심 없으면 백성은 저절로 소박해진다.」 또 노자는 다음과 같은 말도 쓰고 있다. 「도는 언제나 무위이면서도 하지 않는 것이 없다. 일체를 하고 있다.」

NEW WORK BOOK

重要結構

使臣以禮	事君以忠	盡己謂忠
使臣以禮	事君以忠	盡己謂忠

사신이례：임금은 신하를 예로써 다스려야 할것이요,

사군이충：신하는 임금을 충성(忠誠)으로써 섬겨야 할 것이다.

진기위충：전력을 다하여 보필함을 충(忠)이라 하고,

부릴 사	신하 신	써 이	예도 례	섬길 사	임금 군	써 이	충성 충	다할 진	몸 기	이를 위	충성 충
使	臣	以	禮	事	君	以	忠	盡	己	謂	忠

NEW WORK BOOK

重要結構

美辭麗句

子曰「衆이 惡之라도 必察焉하며 衆이 好之라도 必察焉이니라.」

공자께서 말씀하시기를 「여러 사람이 미워할지라도 반드시 살펴보아야 하며, 여러 사람이 좋아할지라도 반드시 살펴보아야 하느니라.」

〔論 語〕

以實謂信	人不忠信
以實謂信	人不忠信

이실위신 : 성실(誠實)로 대하는 것을 신의(信義)라 한다.

인불충신 : 사람이 충성(忠誠)과 신의(信義)가 없다면,

써 이	참될 실	이를 위	믿을 신	사람 인	아니 불	충성 충	믿을 신
以	實	謂	信	人	不	忠	信
以	實	謂	信	人	不	忠	信
以実謂信				人不忠信			

故事散策 孟母三遷之教(맹모삼천지교) : 맹자의 어머니가 맹자를 교육시키기 위해 세 번 이사를 하였다는 뜻으로 자식의 교육을 위해서는 어떤 어려운 일도 행할 수 있다는 고사이다. 처음 맹자가 살던 집은 공동묘지 부근이었다. 어린 맹자는 눈만 뜨면 보고 듣는 것으로, 상여를 메고 가는 상여꾼들의 흉내를 내며 땅을 파고 관을 묻으며 봉분을 짓는 장난을 일삼았다. 맹자의 그러한 행동에 교육상 좋지 못하다 생각되어 맹자 어머니는 시장 근처로 이사해 갔다. 그러자 맹자는 장사꾼들이 장사하는 흉내를 거듭하니 맹자 어머니는 여러 생각 끝에 이번에는 학교 근방으로 이사를 했다. 그러자 맹자는 학생들이 공부하는 모습과 예의범절을 배우는 광경들을 보는데로 흉내내며 노는 것이었다. 「여기가 참으로 자식을 기를 만한 곳이로구나.」하고 맹자 어머니는 그곳에 자리잡고 살게 되었다.

NEW WORK BOOK

重要結構

何謂人乎	修身齊家	治國之本
何謂人乎	修身齊家	治國之本
하위인호：어찌 사람이라 일컬을 수 있으리오.	수신제가：자신(自身)을 수양(收養)하고 집안을 잘 다스리는 것은	치국지본：바로 나라를 다스리는 근본이요.

어찌 하	이를 위	사람 인	어조사 호	닦을 수	몸 신	가지런할 제	집 가	다스릴 치	나라 국	이(갈) 지	근본 본
何	謂	人	乎	修	身	齊	家	治	國	之	本
何	謂	人	乎	修	身	齊	家	治	國	之	本
何	謂	人	乎	修	身	齊	家	治	國	之	本

NEW WORK BOOK

士農工商	德崇業廣
士農工商	德崇業廣

사농공상 : 선비와 농부(農夫) 그리고 공인과 상인은,

덕숭업광 : 덕을 높이 여길수록 사업이 번창하여질 것이니라.

선비 사	농사 농	장인 공	장사 상	큰 덕	높일 숭	업 업	넓을 광
士	農	工	商	德	崇	業	廣
士	農	工	商	德	崇	業	廣

美辭麗句

子曰「古之學者는 爲己로나 金之學者는 爲人이로다.」
공자께서 말씀하시기를 「옛날의 배우는 사람들은 자기를 위하여 배웠는데, 오늘날의 배우는 사람들은 남을 위하여 배우는 도다.」

〔論 語〕

故事散策 聞一知十(문일지십) : 하나를 알려주면 열을 안다는 뜻으로, 한 부분을 통해 전체를 알 수 있다는 말. 곧 총명함을 일컫는다. 여기서 하나란 시작의 수이며 열이란 끝을 나타내므로 시작을 알면 끝도 알 수 있다는 고사이다. 공자가 자공에게 물었다. 「너는 안회와 견주어 볼 때 누가 더 낫다고 생각하느냐?」 공자의 제자가 3천 명이나 되었고 후세에 이름을 남긴 제자만도 72명이나 되었지만 당시 재주로는 자공을 첫째로 꼽고 있었다. 실상 안회는 자공보다 비교도 안 될 만큼 나은 편이었지만 그는 그러한 기색을 내보이지 않는 바보같은 사람이었다. 그래서 자공이 안회를 어떻게 생각하고 있는지 궁금하여 물었다. 「사(賜 : 자공 자신의 이름)가 어찌 감히 회를 바랄 수 있겠습니까. 회는 하나만 들어도 열을 알고 사는 하나를 들으면 둘정도 알 뿐입니다.」 공자는 자공의 솔직한 대답에 만족해 하였다.

NEW WORK BOOK

重要結構

夫婦之道	異姓之合	夫道剛直
夫婦之道	異姓之合	夫道剛直

부부지도 : 남편과 아내의 도리 (道理)라는 것은,	이성지합 : 서로 다른 이성과의 결합으로,	부도강직 : 남편의 도는 굳세고 의젓해야 하고,

지아비 부	지어미 부	이(갈) 지	길 도	다를 이	성 성	이(갈) 지	합할 합	사내 부	길 도	굳셀 강	곧을 직
夫	婦	之	道	異	姓	之	合	夫	道	剛	直
夫婦之道				異姓之合				夫道剛直			

世界名言

♡ 가장 어려운 일이 세 가지 있으니, 비밀을 지키는 것, 타인에게서 받은 해를 잊어 버리는 것, 그리고 한가한 시간을 이용하는 것이다.
M.T. 시세로

NEW WORK BOOK

重要結構

美辭麗句

子曰 吾嘗終日不食하며 終夜不寢하여 以思하니 無益이라 不如學也로다.」
공자께서 말씀하시기를 「내 일찍이 종일을 먹지 않고 밤새 자지 않고 생각에 잠겨 보았더니 조금도 유익함이 없는지라, 배우느니만 못하였도다.」
〔論 語〕

婦德柔順	愛之敬之

부덕유순 : 아내의 덕은 부드럽고 온순해야 하며.

애지경지 : 서로를 사랑하고 공경하는 것이,

지어미 부	큰 덕	부드러울 유	순할 순	사랑 애	이(갈) 지	공경할 경	이(갈) 지

故事散策 尾生之信(미생지신) : 우직한 믿음이란 뜻으로 쓸데없는 명목에 구애된 나머지 너무 고지식하여 융통성이 전혀 없이 하나만 알고 둘은 모르는 사람을 비유한 고사이다. 노나라에 미생(尾生)이라는 아주 정직한 사람이 있었다. 남하고 약속하면 그 약속에 한해서는 꼭 지키고야 마는 그런 인물이었다. 그런데 그 사나이가 어느 다리 밑에서 여인을 만나기로 약속을 하게 되었다. 그래서 그는 정확한 시간에 그는 약속 장소로 나가게 되었는데 아무리 기다려도 그 여자는 나타나지 않았다. 그러는 동안 개울물이 불어서 그의 몸은 점점 물에 잠기게 되었다. 곧 키가 넘을 것 같은데도 그는 단념하지 않았다. 결국 물이 머리 위까지 차올라와 교각에 매달렸으나 피신하지 않고 끝내 그곳에서 익사해 버리고 말았다고 한다. 약속보다는 목숨이 중요할진데 융통이 없이 자신을 희생한다는 것은 둘을 모르는 처사이다.

NEW WORK BOOK

重要結構

夫婦之禮	夫唱婦隨	家道成矣
夫婦之禮	夫唱婦隨	家道成矣

부부지례 : 부부 간의 예의(禮儀)이다.

부창부수 : 남편이 계획하고 아내는 이에 따르면,

가도성의 : 집안의 질서가 잘 이루어질 것이다.

사내 부	지어미 부	이(갈) 지	예도 례	사내 부	부를 창	지어미 부	따를 수	집 가	길 도	이룰 성	어조사 의
夫	婦	之	禮	夫	唱	婦	隨	家	道	成	矣
夫	婦	之	禮	夫	唱	婦	隨	家	道	成	矣
夫	婦	之	禮	夫	唱	婦	隨	家	道	成	矣

世界名言

♡ 공포는 미신의 주요 원천이며, 잔인성의 원천 중의 하나이다.
버트란트 러셀 / 영국 수학자

NEW WORK BOOK

重要結構

貧窮患難 親戚相救

貧窮患難 親戚相救

빈궁환난 : 궁색한 가난과 우환과 재난에 처한 사람이 있을 경우에는

친척상구 : 일가 친척끼리 서로 구원하여 면할 수 있도록 도와라.

가난할 빈	궁할 궁	근심 환	어려울 난	친척 친	겨레 척	서로 상	구할 구
貧	窮	患	難	親	戚	相	救
貧	窮	患	難	親	戚	相	救

美辭麗句

子曰「由아 誨女如之乎인저, 知之을 爲知之하고 不知를 爲不知가 是知也라.」
공자께서 말씀하시기를 「유야, 네게 안다는 것이 무엇인지 가르쳐 주랴? 아는 것을 안다 하고 모르는 것을 모른다 하는 것이 바로 아는 것이니라.」
〔論 語〕

故事散策 未亡人(미망인) : 남편이 세상을 뜰 때 따라 죽었어야 할 아내가 죽지 않고 있다는 뜻으로, 홀로 된 여자가 자기를 낮추어서 일컫는 말이었으나 지금은 당연하게 쓰이고 있다. 춘추 시대 노나라에서는 성공(成公)이 위(位)에 있었는데 노의 백희가 송공에게 시집가게 되어 계문자가 백희를 송으로 호위하게 되었다. 계문자가 임무를 마치고 노로 돌아와 성공에게 복명했으므로 성공은 날을 잡아 그를 위해 위로연을 베풀었다. 석상에서 계문자는 〈시경〉의 말을 빌어 주군 성공과 송공을 찬양하고 송의 땅은 좋은 곳으로 틀림없이 백희도 즐겁게 지낼 수 있을 것이라는 뜻의 노래를 했다. 이 말을 들은 희의 어머니 목강은 크게 기뻐하며 「정말 수고가 많으셨습니다. 당신은 선군 때부터 충성이 지극하여, 이 미망인(未亡人)까지 잘 돌봐 주셔서 진심으로 감사드립니다.」라고 하였다.

世界名言

♡ 심한 상처보다 조그마한 경멸을 더 참기 어려운 때가 많다. 인간들은 각다귀에게 물린 상처의 궤양으로 죽는 일이 많다.
월리엄 단비 / 영국 도덕가

NEW WORK BOOK

重要結構

婚姻喪死				隣保相助				兄弟姉妹			
婚姻喪死				隣保相助				兄弟姉妹			

혼인상사 : 이웃 사람 중에 혼인 또는, 초상이 나거나 하면,

인보상조 : 이웃끼리 서로 도와주도록 하여라.

형제자매 : 형제 자매, 곧 동기간 끼리는,

혼인할 혼	혼인 인	복입을 상	죽을 사	이웃 린	보호할 보	서로 상	도울 조	맏 형	아우 제	누이 자	손아래누이 매
婚	姻	喪	死	隣	保	相	助	兄	弟	姉	妹
婚	姻	喪	死	隣	保	相	助	兄	弟	姉	妹

NEW WORK BOOK

重要結構

友愛而已	骨肉雖分
友愛而己	骨肉雖分

우애이이 : 서로 우애하고 위하여라.

골육수분 : 동기간은 뼈와 살이 서로 떨어져 있지만,

美辭麗句

子曰「巧言令色이 鮮矣仁이니라.」

공자께서 말씀하시기를 「듣기 좋게 꾸미는 말과 보기 좋게 꾸미는 얼굴빛에는 仁이 드무니라.」

〔論 語〕

벗 우	사랑 애	말이을 이	이미 이	뼈 골	고기 육	비록 수	나눌 분

友愛而己　骨肉雖分

故事散策 傍若無人(방약무인) : 곁에 아무도 눈에 보이지 않는 것과 같이 남의 입장이나 형편을 전혀 고려함이 없이 언행을 제멋대로 하는 것을 일컫는 고사이다. 전국 시대 위(衛)나라에 형가라는 자가 있었다. 선조(先祖)는 제(齊)나라 사람이었으나 그는 위나라로 옮겨 살며 정경이라 불리었는데, 문무를 겸한 사람이었다. 그는 국사에도 마음을 쓰고 있었으므로 위의 원군(元君)에게 정치에 대한 의견을 진언했으나 받아들이지 않자 그 후로 유랑생활을 하며 각지의 현인, 호걸들과 사귀었다. 여러 곳을 떠돌아다니던 형가가 어느 때인가 연나라로 갔다. 그곳에서 사귄 사람이 개백정과 축의 명수인 고점리였다. 이 두 사람과 형가는 거의 매일 큰 길로 나가 술을 마시며 풍류를 즐겼다. 그러다 고점리는 감상이 극도에 달하면 울기조차 하였는데 그 모습이 마치 곁에 아무도 없는 것 같았다.

世界名言

♡ 만약 인간이 많은 상식을 갖고 있지 않다면 과학이 발달하면 할수록 그의 인내심은 없어진다.
올리바 웬델 홈즈 / 미국 시인

NEW WORK BOOK

重要結構

本生一氣	形體雖各	素受一血
本生一氣	形體雖各	素受一血
본생일기 : 원래는 하나의 같은 기에서 생겨 났음이니라.	형체수각 : 형태(形態)나 몸은 비록 각각 다르다 하나,	소수일혈 : 본디는 부모님의 한 핏줄기를 이어받은 것이니라.

근본 본	날 생	한 일	기운 기	형상 형	몸 체	비록 수	각각 각	본디 소	받을 수	한 일	피 혈
小	仁二	一	气示	刊刃	昂豊	乱作	久口	卄示	纩又	一	血
本	生	一	氣	形	體	雖	各	素	受	一	血

本生一氣	形體雖各	素受一血

NEW WORK BOOK

重要結構

比

比之於木

比之於木

비지어목 : 이를 나무에 비유한다면.

同根異枝

同根異枝

동근이지 : 한 뿌리에서 자라나는 각각 다른 가지들과 같음이니라.

견줄 비	이(갈) 지	어조사 어	나무 목	한가지 동	뿌리 근	다를 이	가지 지
比	之	於	木	同	根	異	枝
比	之	於	木	同	根	異	枝
比	之	於	木	同	根	異	枝

美辭麗句

子曰「人無遠慮면 必有近憂니라.」
공자께서 말씀하시기를 「사람은 면(앞날에 대한, 생각이 없으면 반드시 가까운 근심이 있느니라.」
〔論語〕

故事散策 百聞不如一見(백문불여일견) : 설명을 백번 듣는 것보다 한번 실제로 보는 것이 낫다는 말로 「이문(耳聞)은 목견(目見)과 같지 않다.」는 말과도 같이 쓰이는 고사이다. 전한의 선제 때 서북방 오랑캐가 한의 국경을 침략하여 성을 공격해와 그곳을 강탈 당하였다. 목숨을 걸고 지키려는 관리와 백성이 살해 당하는 사건이 발생하였다. 선제는 군신을 소집하여 대책을 협의하여 토벌군의 사령관을 조충국으로 임명하였다. 선제는 76세의 노령인 충국에게 「어느 정도의 병력이 필요한가?」「백 번 듣는 것은 한 번 보는 것과 같지 않습니다. 여기서 그곳에서의 계략을 짜기는 어렵기 때문에 현지로 가서 알리겠습니다.」 선제는 동의했고 충국은 군사를 이끌고 현지에 도착하여 오랑캐의 소부대를 전멸시켜 군사들의 사기를 북돋아 성급함을 피해 작전을 세워 순식간에 오랑캐를 평정했다.

世界名言

♡ 얼마큼 고독하게 산다 하더라도, 사람은 어느새 어떤 채권자 혹은 채무자가 되어 있다.

　　J.W. 괴테/독일 시인

NEW WORK BOOK

重要結構

比之於水				同源異流				兄友弟恭			
比之於水				同源異流				兄友弟恭			

비지어수: 이를 또한 물에 비유한다면.

동원이류: 같은 수원에서 흐르다. 각각 다른 줄기로 흐름과 같다.

형우제공: 형은 아우를 사랑하고 아우는 형을 공손히 받들고,

견줄 비	이(갈) 지	어조사 어	물 수	한가지 동	근원 원	다를 이	흐를 류	맏 형	벗 우	아우 제	공손할 공
比	之	於	水	同	源	異	流	兄	友	弟	恭
比	之	於	水	同	源	異	流	兄	友	弟	恭
比	之	於	水	同	源	異	流	兄	友	弟	恭

NEW WORK BOOK

不敢怒怨	私其衣食
不敢怒怨	私其衣食

불감노원 : 감히 서로 성내거나, 서로 원망하여서는 아니된다.

사기의식 : 형제 사이에 그 의복과 음식을 나누어 입고 먹을 줄 모르면,

아니 불	감히 감	성낼 노	원망할 원	사사 사	그 기	옷 의	먹을 식
不	敢	怒	怨	私	其	衣	食
不	敢	怒	怨	私	其	衣	食
不	敢	怒	怨	私	其	衣	食

美辭麗句

子曰「性相近也나 習相遠也니라.」
공자께서 말씀하시기를 「사람의 천성은 서로 가까운 것이 습관에 따라 서로 멀어 지느니라.」

〔論語〕

故事散策 百年河淸(백년하청) : 중국의 황하는 물이 항상 누렇게 흐려 있기 때문에 백년에 한 번 물이 맑아질까 말까 한다는 것으로, 아무리 기다려도 소용이 없다는 고사이다. 정(鄭)나라 주영왕 7년의 일이다. 초나라가 정나라를 쳐들어 오자 정의 6경이라고 일컫는 지도자들이 도성에 모여 회의를 열었는데 항복하자는 측과 진(晉)나라의 구원을 기다려 저항을 해야 한다는 측이 맞서 의견의 일치를 보지 못하고 있었다. 이 때 항복을 주장하는 측의 자사가 나서면서 말했다. 「주나라의 시에 이르길 황하가 맑아지길 기다린다는 것은 한이 없어 사람의 짧은 목숨으로는 도저히 부족하다. 점쳐서 꾀하는 일이 많으면 새가 그물에 얽히듯 갈피를 못잡는다고 했습니다. 그러니 우선 급한 대로 항복을 해서 그들의 말을 따르는 것이 마땅할 듯 하옵니다.」 진나라의 구원병을 기다리는 것은 황하가 맑아지길 기다리는 것과 같다고 역설했다.

NEW WORK BOOK

重要結構

夷狄之徒	兄有過失	和氣以諫
夷狄之徒	兄有過失	和氣以諫

이적지도 : 오랑캐들의 무리와 같음이니라.

형유과실 : 혹 형에게 과실이 있을지라도

화기이간 : 아우는 온화한 기색으로써 이르 바르게 간하여라.

오랑캐 이	오랑캐 적	이(갈) 지	무리 도	맏 형	있을 유	허물 과	잃을 실	화할 화	기운 기	써 이	간할 간

NEW WORK BOOK

重要結構

弟

美辭麗句

子曰「見善如不及하고 見不善如探湯하라.」
공자께서 말씀하시기를 「선한 일을 보거든 따라가지 못할 것 같이 하고, 악한 일을 보거든 끓는 물을 만진것 같이 하라.」
〔論語〕

弟有過誤	怡聲以訓
弟有過誤	怡聲以訓

제유과오 : 또는 아우에게 과오가 있을 때에는

이성이훈 : 형은 부드럽고 다정스러운 말로써 훈계(訓戒)하여야 한다.

아우 제	있을 유	허물 과	그칠 오	기쁠 이	소리 성	써 이	가르칠 훈
¥¥	ノ†¬	呂円辶	言呉人	忄台	声殸耳	以人	言川
弟	有	過	誤	怡	聲	以	訓
弟	有	過	誤	怡	聲	以	訓

故事散策 不撓不屈(불요불굴) : 곤란하고 어려운 상황에서도 굽히지 않는 것, 다시 말하여 「불굴불요」라고도 한다. 전한의 성제(成帝) 때의 가을에 나라의 수도 장안에서는 홍수가 닥쳐온다는 소문에 백성들이 피난하는 일대의 큰 혼란이 발생하였다. 이에 성제는 신하들을 소집하여 협의했지만 수습할 길이 없었다. 대장군 왕봉은 조사도 하지 않고 사실이라고 보고하면서 황족은 한시라도 빨리 배를 타도록 진언했다. 신하들 모두가 왕봉의 의견에 찬성했지만, 제상인 왕상만은 「헛소문이다.」라고 반대하여 백성들이 안정을 되찾도록 수습에 나섰다. 점차 민심의 동요는 안정되었고, 질서도 회복되어 갔다. 조사한 결과 홍수는 근거없는 소문으로 판명되었다. 성제는 왕상이 다수에 유혹되지 않고 정론을 바로 잡아 소요를 진정시킨 것에 대해 칭찬하였고, 왕봉은 성제에게 불신을 받게 되었다.

NEW WORK BOOK

重要結構

兄弟有疾				憫而思救				兄弟有惡			
兄弟有疾				憫而思救				兄弟有惡			
형세유질:형제 중에 질병(疾病)이 있을 경우에는,				민이사구:이를 가엾이 여겨 구해 줄 생각을 해야 한다.				형제유악:형제 중에 좋지 못한 일이 있거든,			
맏 형	아우 제	있을 유	병 질	불쌍히여길 민	말이을 이	생각할 사	구할 구	맏 형	아우 제	있을 유	악할 악
兄	弟	有	疾	憫	而	思	救	兄	弟	有	惡
兄	弟	有	疾	憫	而	思	救	兄	弟	有	惡
兄	弟	有	疾	憫	而	思	救	兄	弟	有	惡

NEW WORK BOOK

重要結構

隱而勿視 率先垂範

隱而勿視　率先垂範

은이물시 : 외면하거나 근심한 체하며 보고만 있지말고.

솔선수범 : 스스로 앞장서서 우애를 몸소 실천하여 보이면.

숨을 은	말이을 이	말 물	볼 시	거느릴 솔	먼저 선	드리울 수	모범 범

美辭麗句

子曰「知者는 不惑하고 仁者는 不憂하고 勇者는 不懼니라.」

공자께서 말씀하시기를 「지혜로운 자는 당황하지 않고, 어진 자는 근심하지 않고, 용기 있는 자는 두려워하지 않는다.」

〔論語〕

故事散策 殺身成仁(살신성인) : 자신을 희생하여 인(仁)을 이룩한다는 뜻으로, 몸을 바쳐서라도 도리를 행하는 것을 일컫는 고사이다. 공자가 말하였다. 「뜻이 있는 선비와 인자(仁者)는 삶을 구하여 인(仁)을 해치는 일이 없고 몸을 죽여 인을 이루는 일이 있느니라.」 여기서 지사란 굳은 뜻을 지닌 선비요, 인인(仁人)은 덕을 이룬 사람을 일컫는다. 또 정자(程子)는 여기에 대해 이렇게 말하고 있다. 「실질적인 이치를 마음에 얻어서 스스로 분별하는 것이니 실질적인 인(仁)의 치라는 것은 실제로 옳은 것을 보며 실제로 그른 것을 보는 것이다. 옛사람이 몸을 버리고 죽은 자가 만일 실제로 얻은 것을 보지 못하면 어찌 능히 이와 같겠는가? 모름지기 실제의 삶이 의보다 중하지 않은 것을 보면 삶이 죽는 것보다 편안치 못하다. 그러므로 몸을 죽여서 어진 것을 이루는 것은 다만 한 개의 의를 이루는 것 뿐이다.」

NEW WORK BOOK

重要結構

兄弟亦效	我有憂患	兄弟亦憂
兄弟亦效	我有憂患	兄弟亦憂

형제역효 : 형제들도 이를 또한 본받을 것이다.

아유우환 : 나에게 근심과 걱정이 다가온다면,

형제역우 : 형제들도 역시 같이 걱정할 것이다.

맏 형	아우 제	또 역	본받을 효	나 아	있을 유	근심 우	근심 환	맏 형	아우 제	또 역	근심 우
兄	弟	亦	效	我	有	憂	患	兄	弟	亦	憂

兄弟亦效　我有憂患　兄弟亦憂

NEW WORK BOOK

美辭麗句

子曰「過而不改면 是謂過矣라.」
공자께서 말씀하시기를 「잘못을 저지르고서도 고치지 않으면, 이것이 바로 잘못이니라.」
〔論語〕

我有歡樂	姉妹亦樂
我有歡樂	姉妹亦樂

아유환락 : 나에게 기쁜 일과 즐거운 일이 있다면.

자매역락 : 자매들 또한 같이 즐거워할 것이다.

나 아	있을 유	기뻐할 환	즐길 락	누이 자	손아래누이 매	또 역	즐길 락
我	有	歡	樂	姉	妹	亦	樂
我	有	歡	樂	姉	妹	亦	樂
我	有	歡	樂	姉	妹	亦	樂

故事散策 塞翁之馬 (새옹지마) : 새옹의 말에 얽힌 이야기에서 나온 것으로 인간만사의 길흉화복은 변화무쌍하며 예측할 수가 없다는 고사이다. 옛날 중국 북방의 오랑캐들이 사는 호지와의 국경에 점술에 능한 노인이 살고 있었다. 그런데 어느 날 아무 까닭없이 노인의 말(馬)이 호지로 달아나 버렸다. 사람들은 딱하게 여겨 위로하려 했지만 노인은 조금도 걱정한 빛이 없이 말했다. 「전화위복이란 말이 있지 않습니까? 크게 걱정할 필요는 없겠지요.」 그로부터 몇 달이 지난 어느 날 그 말이 호지의 좋은 말을 벗삼아 돌아왔다. 이번엔 많은 사람들이 축하하러 왔지만, 「이게 또 무슨 화근이 될지 모르지요.」하며 반가운 기색이 전혀 없었다. 그런데 며칠 뒤 말타기를 좋아하던 그의 아들이 호지에서 온 말을 타다가 낙마하여 불구가 되었다. 이 일에 대해 「이 일이 또 어떤 다행한 일이 될지 모르지요.」하고 천하태평이었다.

世界名言

♡ 올바른 국어를 쓸 줄 아는 사람이 올바른 외국어를 쓸 줄 안다.
이숭녕 / 한국 국어학자

NEW WORK BOOK

重要結構

雖有他親	豈能如此	我事人親
雖有他親	豈能如此	我事人親

수유타친 : 아무리 절친한 사람이 있다 하더라도,
기능여차 : 어찌 이 형제의 우애를 능가할 수 있으리오.
아사인친 : 내가 남을 친절하게 대한다면,

비록 수	있을 유	다를 타	친할 친	어찌 기	능할 능	같을 여	이 차	나 아	섬길 사	사람 인	가까울 친

雖有他親 豈能如此 我事人親

NEW WORK BOOK

重要結構

美辭麗句

子曰「君子는 欲訥於言하고 而敏於行이니라.」
공자께서 말씀하시기를 「군자는 말함에 있어서는 더디고 행함에 있어서는 빠르고자 하니라.」

〔論語〕

人事我親	長者慈幼
人事我親	長者慈幼

인사아친 : 남도 나를 친절히 대해 줄 것이다.

장자자유 : 어른은 어린아이를 사랑하고,

사람 인	섬길 사	나 아	가까울 친	어른 장	놈 자	사랑 자	어릴 유
人	事	我	親	長	者	慈	幼
人	事	我	親	長	者	慈	幼
人	事	我	親	長	者	慈	幼

故事散策 守株待兎(수주대토) : 그루터기를 지키며 토끼가 나오기만을 기다린다는 뜻으로, 어떤 착각에 사로잡혀 가능성이 없는 일을 고집하는 융통성 없는 처사를 가르키거나 발전이 없는 것을 비유한 고사이다. 송(宋)나라에서 있었던 일이었다. 어느 날 한 농부가 밭을 갈고 있는데 토끼 한 마리가 급히 달리다가 밭 가운데 있는 그루터기에 머리를 들이받고 목이 부러져 죽었다. 토끼를 쉽게 얻은 농부는 그 후부터 농사일은 집어던지고 날마다 밭두둑에 앉아 토끼를 기다렸다. 그러나 토끼는 두 번 다시 그곳에 나타나지 않았고 그동안 밭을 가꾸지 않아 농부의 밭은 잡초만이 무성하게 자라버렸다. 그야말로 있을 수 없는 것을 고집하며 융통성이 전혀 없는 사람이나 그의 처사를 가리켜 일컫거나 발전이 없는 것에 오랫동안 집착함을 비유하는 말이다.

世 界 名 言

♡ 꿈이 자는 자의 공상인 것처럼 공상은 깨어있는 자의 꿈이다.
토마스 포프블라운트 경 / 영국 작가

NEW WORK BOOK

重要結構

幼者敬長	長者賜果	核子在手
幼者敬長	長者賜果	核子在手
유사경장 : 어린아이는 어른올 공경해야 한다.	장지시과 : 어른이 과일을 먹으라고 주시거든.	핵자재수 : 먹고 난 후 씨는 아무데나 버리지 말고 손에 가지고 있어야 한다.

어릴 유	놈 자	공경할 경	어른 장	어른 장	놈 자	줄 사	과실 과	씨 핵	아들 자	있을 재	손 수
幼	者	敬	長	長	者	賜	果	核	子	在	手
幼	者	敬	長	長	者	賜	果	核	子	在	手
幼	者	敬	長	長	者	賜	果	核	子	在	手

世界名言

♡ 꿈은 그 사람의 성향의 진정한 설명이다. 그러나 그것을 가려내고 이해하는 데에는 기술이 필요하다.
미쉘 E. 드 몽테뉴 / 프랑스 수필가

NEW WORK BOOK

重要結構

人之處世				不可無友			
人之處世				不可無友			
인지처세 : 사람이 이 세상을 살아가면서				불가무우 : 벗이 없어서는 아니되고,			
사람 인	이(갈) 지	살(곳) 처	세상 세	아니 불	옳을 가	없을 무	벗 우
人	之	處	世	不	可	無	友
人	之	處	世	不	可	無	友
人	之	處	也	不	可	無	友

美辭麗句

子曰「人性之善也는 猶水就下也니 人無有不善하며 水無有不下니라.」
공자께서 말씀하시기를 「사람의 본성이 선한 것은 마치 물이 아래로 내려감과 같은 것이니, 사람치고 선하지 않은 사람이 없으며, 아래로 내려가지 않는 물이 없느니라.」
〔論 語〕

故事散策 識字憂患(식자우환) : 선불리 문자를 아는 것이 어떤 때에는 되려 화의 근원이 된다는 뜻으로, 서투른 지식 때문에 도리어 일을 망치게 된다는 경우의 고사이다. 유현덕이 제갈량을 얻기 전에는 서서가 현덕의 군사(軍師)로 있으면서 지략을 도맡고 있었다. 조조는 서서가 효자라는 것을 알고 그를 끌어들이기 위해 그의 효심을 이용할 계획을 꾸몄다. 몇 번 실수하고 나서 이번에는 위부인이 아들 서서에게 보낸 서찰을 가로채 글씨를 모방하여 조조의 도움을 받아 잘 있으니 위나라로 돌아오라는 내용으로 서서에게 보내졌다. 편지를 받고 집에 돌아온 아들을 보자 어리둥절하였다. 위부인은 조조의 모략임을 알고 「여자가 글을 안다는 것부터가 걱정을 낳게 한 근본 원인이다.」라고 하며 위부인은 자식의 앞길을 망치게 되었음을 한탄하였다.

世界名言

♡ 집에 편안히 앉아 있을 때 가장 튼튼한 탑은 가장 높은 벽을 가지고 있지 않다는 것을 늘 생각하라.

윌리엄 모리스 / 영국 시인

NEW WORK BOOK

重要結構

擇 友 交 之	有 所 補 益	友 其 德 也
擇 友 交 之	有 所 補 益	友 其 德 也
택우교지 : 벗은 가려서 사귀이야 한다.	유소보익 : 그래야 본받을 바가 있어 유익할 것이다.	우기덕야 : 벗은 덕으로써 사귀어야 하며.

가릴 택	벗 우	사귈 교	이(갈) 지	있을 유	바 소	도울 보	더할 익	벗 우	그 기	큰 덕	어조사 야
擇	友	交	之	有	所	補	益	友	其	德	也
擇	友	交	之	有	所	補	益	友	其	德	也
擇	友	交	之	有	所	補	益	友	其	德	也

NEW WORK BOOK

重要結構

不可有挾	友其正人
不可有挾	友其正人

불가유협 : 그런 벗이 있을지라도 자만한 행동이 있어서는 아니된다.

우기정인 : 벗이 만일 정직한 사람이라면.

아니 불	옳을 가	있을 유	가질 협	벗 우	그 기	바를 정	사람 인
不	可	有	挾	友	其	正	人

不可有挾 友其正人

美辭麗句

孟子曰「生亦我所欲也며 義亦我所欲也마는 二者를 不可得兼인대 舍生而取義者也니라.」
맹자께서 말씀하시기를 「삶도 내가 바라는 것이며 정의도 역시 내가 바라는 바이지만 둘을 아울러 얻을 수 없다면 삶을 버리고 정의를 취하리라.」
〔孟子〕

故事散策 溫故而知新(온고이지신)
: 옛것을 익혀서 새 것을 안다는 뜻으로 옛것을 익힘으로서 그것을 통하여 새로운 지식과 도리를 발견하게 된다는 뜻의 고사이다. 「옛것을 익혀 새로운 것을 알면, 가히 스승이 될 수 있다.」고 공자가 말한 바 있다. 〈온고이지신〉이라는 말은 《中庸》에도 나오거니와 한나라의 정현은 중용에 나오는 글에 주를 달아, 〈溫은 읽어서 익힌다는 뜻이다. 처음 배운 것을 익힌 뒤에 때로 반복하여 익히는 것을 말하여 溫故라고 한다.〉고 되어 있다. 따라서 과거의 역사적 사실에 대한 인식과, 오늘날의 사실을 알고 옛것을 모르는 것은 소경이라 말할 수 있다. 〈溫故而知新〉하여 가히 스승이 될 수 있다. 옛것과 오늘의 현실을 알지 못한다면 어찌 스승이라 할 수 있겠는가?

NEW WORK BOOK

重要結構

我 亦 自 正	從 遊 邪 人	予 亦 自 邪
我 亦 自 正	從 遊 邪 人	予 亦 自 邪

아역자정 : 나 또한 스스로 정직한 사람이 될 것이나.

중유사인 : 바르지 못한 친구와 어울리면.

여역자사 : 자신도 역시 모르는 사이 사악한 사람이 될 것이다.

나 아	또 역	스스로 자	바를 정	좇을 종	놀 유	간사할 사	사람 인	나(줄) 여	또 역	스스로 자	간사할 사
我	亦	自	正	從	遊	邪	人	予	亦	自	邪
我	亦	自	正	從	遊	邪	人	予	亦	自	邪
我	亦	自	正	從	遊	邪	人	予	亦	自	邪

世界名言

♡ 게으른 자에게는 모든 것이 어려우나, 근면한 자에게는 모든 것이 쉬워진다.
벤자민 프랭클린 / 미국 정치가, 발명가

NEW WORK BOOK

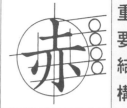

重要結構

近墨者黑	近朱者赤
近墨者黑	近朱者赤

근묵자흑 : 먹을 가까이 하는 사람은 먹이 묻어 검어지고,

근주자적 : 주묵(朱墨)을 가까이 하는 사람은 붉은 색이 된다.

가까울 근	먹 묵	놈 자	검을 흑	가까울 근	붉을 주	놈 자	붉을 적
近	墨	者	黑	近	朱	者	赤
近	墨	者	黑	近	朱	者	赤
近	墨	者	黑	近	朱	者	赤

美辭麗句

孟子曰「仁也者는 人也이니 合而言之하며 道也이니라.」
맹자께서 말씀하시기를 「인이란 사람이고 의는 마땅함을 뜻한다. 이 둘을 합한 것이 바로 도이니라.」
〔孟 子〕

故事散策 燎原之火 (요원지화) : 요원의 불길, 즉 걷잡을 수 없이 번져 가는 벌판의 불길을 말하는 것으로, 어떤 일이 무거운 기세로 확대되어 가고 있는 형세를 가리킨다. 또 세력이 대단하여 막을 수 없는 경우에도 많이 인용되는 고사이다. 은(殷)나라 탕(湯)왕의 10대손인 반경이 황하의 수해를 피하기 위해 수도를 옮기면서 미리 관직에 있는 사람들을 타이르기 위해 쓴 반경 상편에 있는 말이다. 「너희들은 어찌 내게 알리지도 않고 서로 어울려 뜬소문을 퍼뜨리면서 민중들을 공포 속에 몰아넣고 있느냐! 벌판에 불이 나게 되면 가까이 다갈 수도 없는데 어떻게 그 불을 끌 수 있겠느냐? 곧 너희들이 스스로 불안을 만들어 낸 것이므로 나에게 허물이 있는 것이 아니다.」

NEW WORK BOOK

重要結構

蓬生麻中	不扶自直	白沙在泥
蓬生麻中	不扶自直	白沙在泥
봉생마중 : 쑥이 삼밭에 사라면,	불부지직 : 붙들어매지 않더라도 저절로 곧아진다. ·	백자재니 : 흰 모래가 진흙에 섞 여 있으면,

쑥 봉	날 생	삼 마	가운데 중	아니 불	도울 부	스스로 자	곧을 직	흰 백	모새 사	있을 재	진흙 니
蓬	生	麻	中	不	扶	自	直	白	沙	在	泥
蓬	生	麻	中	不	扶	自	直	白	沙	在	泥
蓬	生	麻	中	不	扶	自	直	白	沙	在	泥

世界名言

♡ 부지런한 사람은 만물을 화하여 황금으로 만들고, 무형의 시간까지도 이를 황금으로 변화시킨다.

제이 프랭클린 / 미국 작가

NEW WORK BOOK

重要結構

不染自陋	居必擇隣
不染自陋	居必擇隣

불염자루 : 물들지 않더라도 저절로 더러워진다.

거필택린 : 필히, 이웃을 가리어 거처를 정하고,

아니 불	물들일 염	스스로 자	더러울 루	살 거	반드시 필	가릴 택	이웃 린
不	染	自	陋	居	必	擇	隣
不	染	自	陋	居	必	擇	隣
不染自陋居必擇隣							

美辭麗句

孟子曰「人은 有不爲也而後에 可以有爲니라.」

맹자께서 말씀하시기를 「사람은 하지 않는 것이 있는 뒤에라야 비로소 할 일이 있게 되느니라.」

〔孟子〕

故事散策 有備無患(유비무환) : 미리 준비가 갖추어져 있으면 뒤에 올지도 모르는 화근을 미연에 방지할 수 있다는 고사이다. 열명(說命)은 은나라 고종이 부열이란 어진 재상을 얻게 되는 경위와 그로 하여금 어진 정사에 대해 의견을 묻고 이를 실천하게 하는 내용을 기록한 글인데, 「有備無患」이란 말은 그가 고종에게 올린 말 중에 있다. 이 말이 들어 있는 첫부분을 소개하면 다음과 같다. 「생각이 옳으면 이를 행동으로 옮기되 그 옮기는 것을 시기에 맞게 하십시오. 스스로 그것이 옳다는 생각만을 가지고 있으면 그 옳은 것을 잃게 되고 스스로 그 가능한 것을 자랑하게 되면 그 공을 잃게 됩니다. 오직 모든 일은 다 갖춘 것이 있는 법이니 갖춘 것이 있어야만 근심이 없게 될 것입니다.」라는 내용의 글을 올렸다 한다.

NEW WORK BOOK

重要結構

就 必 有 德	哀 慶 相 問	美 風 良 俗
就 必 有 德	哀 慶 相 問	美 風 良 俗

취필유덕 : 나아길 때는 반드시 덕 있는 사람에게 가라. | 애경상문 : 슬픈 일이나 경사스러운 일에 서로 찾아보는 것은. | 미풍양속 : 아름답고 좋은 풍속이다.

나아갈 취	반드시 필	있을 유	큰　　덕	슬플 애	경사 경	서로 상	물을 문	아름다울 미	바람 풍	어질 량	풍속 풍
京九	人小	ノ乃三	彳彳恴心	立水	庐怣	十八十三	門尸口	ソ三人	几乩	艮人	亻公口
就	必	有	德	哀	慶	相	問	美	風	良	俗
就	必	有	德	哀	慶	相	問	美	風	良	俗

NEW WORK BOOK

重要結構

美辭麗句

孟子曰「大人者는 不失其亦子
之心者也니라.」
맹자께서 말씀하시기를 「덕이
높은 사람이란 바로 자기의 어
린아이 때의 마음을 잃지 않는
사람이니라.」
〔孟 子〕

不責我身	諂諛之人

不責我身　諂諛之人

불책아신 : 내 자신의 잘못을 보고
도 책망하여 주는 사람이 아니라면,

첨유지인 : 참다운 사람이 아니라
아첨꾼에 지나지 않는다.

아니 불	꾸짖을 책	나 아	몸 신	아첨할 첨	아첨할 유	갈 지	사람 인
不	責	我	身	諂	諛	之	人
不	責	我	身	諂	諛	之	人
不責我身				諂諛之人			

故事
散策 首邱初心(수구초심) : 여
우는 구릉에 굴을 파고 사
는데 죽을 때는 장소가 어디든간
에 그 머리를 자기가 살던 구릉 쪽
에 두며 죽어간다. 이것은 곧 그
근본을 잊지 않기 때문이다. 자기
의 근본을 잊지 않고 고향을 절실
히 그리는 향수를 일컫는 고사이
다. 태공(太公)이 영구에 봉해졌
는데 계속 5대에 이르기까지 도리
어 주(周)의 호경에서 장사지내
졌다. 군자께서 이르시길 음악은
그 자연적으로 발생한 바를 즐기
며 예(禮)한 그 근본을 잊어서는
안되는 것이다. 사람이 이르되 여
우가 죽을 때에 머리를 자기가 살
던 굴 쪽으로 바르게 향하는 것은
인(仁)이라고 하였다. 여기서 태
공은 태공망, 즉 문왕과 무왕을 도
와서 온나라를 멸하고 주나라를
일으킨 여상을 가리키며 영구란
제나라에 있던 곳을 말한다.

世界名言

♡ 신은 우리에게 수 많은 희망과 근심의 댓가로 잠을 주기로 섭리하셨다.
프랑슈아 마리 드 볼테르 /프랑스 시인

NEW WORK BOOK

重要結構

面責我過	剛直之人	朋友責善

| 面責我過 | 剛直之人 | 朋友責善 |

면책아과 : 나의 허물을 면전에서 꾸짖어 줄 수 있는 사람이라면,

강직지인 : 이 사람이야 말로 진실로 굳고 곧은 사람이다.

봉우책선 : 벗에게 착한 언행(言行)을 하도록 권한다면,

낯 면	꾸짖을 책	나 아	허물 과	군셀 강	곧을 직	이(갈) 지	사람 인	벗 붕	벗 우	권할 책	착할 선

世界名言

♡ 남에 의해서 보다는 자기 자신에 의해서 더 혹독스럽게 기만을 당해보지 않은 사람은 없다.

그레빌 경 / 영국 시인

NEW WORK BOOK

重要結構

以	友	補	仁	厭	人	責	者
以	友	補	仁	厭	人	責	者

이우보인 : 벗에게 인덕(人德)을 채워 주는 길이 된 것이다.

염인책자 : 남의 책망을 싫어 하는 사람이라면,

써 이	벗 우	기울 보	어질 인	싫을 염	사람 인	꾸짖을 책	놈 자
以	友	補	仁	厭	人	責	者
以	友	補	仁	厭	人	責	者
以	友	補	仁	厭	人	責	者

美辭麗句

孟子曰「君子所以異於人者는 以其存心也니 君子는 以仁存心하며 以禮存必이니라.」
맹자께서 말씀하시기를 「군자가 보통 사람과 다른 까닭은 그가 본심을 지니고 있기 때문이니, 군자는 仁을 마음에 지니고 禮를 마음에 지니고 있느니라.」

〔孟子〕

故事散策 暗中摸索(암중모색) : 컴컴한 곳에서 무엇을 손으로 더듬어서 찾는다는 말로, 정확하게 모르면서 어림짐작으로 맞힌다는 뜻의 고사이다. 당(唐)나라의 허경종이라는 학자가 있었는데 그는 건망증이 심하여 남의 얼굴을 곧 잊어버리곤 했다. 학자였으므로 학문에 있어서는 기억력이 좋을 텐데도 어찌된 영문인지 세상사에 관해서는 통 아는 바가 없을 뿐 아니라 아는 얼굴을 잊거나 잘못 아는 경우가 빈번했다. 「저 사람은 건망증이 대단한 사람이야!」하고 주변 사람들이 조롱하며 비웃자, 허경종은 「세상에 알려져 있지 않은 평범한 인간의 얼굴 같은 걸 기억하는 것은 불필요한 노력의 낭비이다.」하고 큰 소리로 나서면서 자기가 존경하는 하손, 유효작, 심악, 사조 등 문단의 대가들을 죽 들고 나서 이런 사람들이라면 암중모색을 해도 역시 알 수 있다고 말했다 한다.

世界名言

♡ 태초로 부터 오늘날에 이르기까지 선을 악으로, 악을 선으로 그릇되게 표현한 커다란 오류의 힘에 의해서 인간은 흉악한 일을 저질러 왔다.
로버트 사우스 / 영국 성직자

NEW WORK BOOK

重要結構

其行無進	人無責友	易陷不義
其行無進	人無責友	易陷不義

기헹무진 : 그 행동에 있어 아무런 진보가 없다.

인무책우 : 사람이 잘못을 꾸짖어 주는 친구가 없다면,

이함불의 : 자신도 모르게 불의(不義)에 빠지기 쉽다.

그 기	행할 행	없을 무	나아갈 진	사람 인	없을 무	꾸짖을 책	벗 우	쉬울 이	빠질 함	아니 불	옳을 의
其	行	無	進	人	無	責	友	易	陷	不	義

世界名言

♡ 기쁨이 있는 곳에 사람과 사람 사이의 결합이 이루어진다. 사람과 사람 사이의 결합이 있는 곳에 또한 기쁨이 있다.
J. W. 괴테 / 독일 시인

NEW WORK BOOK

重要結構

美辭麗句

孟子曰「人不可以無恥니　無恥之恥면　無恥矣니라.」
맹자께서 말씀하시기를 「사람은 부끄러워하는 마음이 없어서는 안되며, 부끄러워할 것이 없음을 부끄러워한다면 부끄러움은 없어지느니라.」
〔孟　子〕

多友之人	當事無誤

多友之人　當事無誤

다우지인：많은 참다운 벗을 사귀고 있는 사람이라면,

당사무오：마땅히 일을 그르치는 일이 없을 것이다.

많을 다	벗 우	이(갈) 지	사람 인	마땅할 당	일 사	없을 무	그르칠 오

故事散策 梁上君子 (양상군자)：대들보 위의 군자라는 뜻으로, 도둑을 점잖게 일컫는 말이나, 천장의 쥐를 말할 때도 있다. 후한의 진식은 청렴결백하며 학문에 뛰어나서 정무에도 정통했기 때문에 사람들로부터 존경을 받았다. 그런데 어느 날 밤에 잠을 자다가 들보 위에서 나는 소리를 듣고 도둑이 숨어 있음을 알아차렸다. 진식은 평상시에 아들과 손자들의 교육에 엄격했다. 그는 집안에 숨어있는 도둑을 즉시 교육에 이용하려고 한밤중임에도 아들과 손자들을 모이게 하여 「인간은 스스로 노력하지 않으면 안된다. 그렇지 않으면 지금 들보 위에 숨어 있는 군자처럼 된다.」 들보 위에서 이 말을 듣고 있던 도둑은 깜짝 놀라 당황하여 뛰어내려와서는 진식의 앞에 무릎을 꿇고 용서를 빌었다. 이후에는 절대 도둑질 하지 않고 참된 인간이 될 것을 맹세했다고 한다.

NEW WORK BOOK

重要結構

知心而交	易與面交	彼不大怒
知心而交	勿與面交	彼不大怒
지심이교 : 서로 상대의 마음을 알고 사귀려면,	물여면교 : 겉으로나 형식적으로 사귀어서는 아니된다.	피불대노 : 나에게는 크게 화내지 않으려고 조심하는 것은

알 지	마음 심	말이을 이	사귈 교	말 물	더불어 여	낯 면	사귈 교	저 피	아니 불	큰 대	성낼 노
知	心	而	交	勿	與	面	交	彼	不	大	怒
知	心	而	交	勿	與	面	交	彼	不	大	怒
知心而交				勿與面交				彼不大怒			

世界名言

♡ 불이 가장 단단한 부싯돌에서 붙여지듯 때때로 가장 냉담한 기질은 가장 흥분하기 쉬운 기질을 내포한다.
윌리엄 헤즐리트 / 영국 저술가

NEW WORK BOOK

重要結構

美辭麗句

孟子曰「周于利者는 凶年도 不能殺하고 周于德者는 邪世도 不能亂이니라.」
맹자께서 말씀하시기를 「利에 철저한 자는 흉년도 그를 죽이지 못하고, 德에 철저한 자는 그릇된 세상도 그의 덕을 어지럽히지 못하느니라.」
〔孟 子〕

反有我害	我益我害
反有我害	我益我害

반유아해 : 도리어 나에게는 해가 된다.

아익아해 : 나에게 이익이 되거나, 손해가 되거나 하는 것은,

돌이킬 반	있을 유	나 아	해칠 해	나 아	더할 익	나 아	해칠 해
フス	ノㄲ=						
反	有	我	害	我	益	我	害
反	有	我	害	我	益	我	害

故事散策 良藥苦口 (양약고구) : 좋은 약은 입에 쓰지만 병에는 잘 듣는다는 말로 충언은 귀에 거슬린다는 고사이다. 한(漢) 원년, 유방이 진의 수도였던 함양으로 들어갔을 때의 일이다. 주색을 가까이 했던 유방은 화려한 진의 아방궁에 들어가 궁녀들에게 현혹되어 떠나기가 싫어졌다. 유방의 심중을 눈치 챈 번쾌가 「이 궁전에서 나가셔야 합니다.」 그러나 유방은 듣지 않았다. 그것을 안 참모인 장량은 궁전을 보인 것을 후회하며 「애당초 진(秦)이 도리에 어긋난 짓만 해서 민심을 잃었기 때문에 주군께서 쉽게 진의 영지를 점령할 수가 있었던 것입니다. 천하를 위해 적을 소탕했다면 검소함이 명분이 섭니다. 충언은 귀에 거슬리나 이롭고 좋은 약은 입에 쓰나 병에는 잘 듣는다는 말을 상기하시어 부디 번쾌의 말을 들으십시오.」라고 하자 유방은 이윽고 이 충언을 받아들였다.

NEW WORK BOOK

重要結構

惟在我矣	内疎外親	是謂不信
惟在我矣	内疏外親	是謂不信
유재아의 : 오직 나 자신이 하기 나름에 있다.	니소외친 : 안으로 탐탁치 않게 생각하면서, 겉으로는 친한 척하면,	시위불신 : 이것을 불신이라 이른다.

오직 유	있을 재	나 아	어조사 의	안 내	섬길 소	바깥 외	친할 친	이 시	이를 위	아니 불	믿을 신
惟	在	我	矣	内	疏	外	親	是	謂	不	信
惟	在	我	矣	内	疏	外	親	是	謂	不	信
惟	在	我	矣	内	疏	外	親	是	謂	不	信

NEW WORK BOOK

重要結構

行不如言				亦曰不信			
行	不	如	言	亦	曰	不	信

행불여언:행동이 말과 같지 않는다면.

역왈불신:이 또한 불신이라고 말할 수 있다.

다닐 행	아니 불	같을 여	말씀 언	또 역	가로 왈	아니 불	믿을 신

美辭麗句

孟子曰「人之易其言也는 無責耳矣니라.」

맹자께서 말씀하시기를 「사람이 자기의 말을 쉽게 함은 그 말에 대한 책임감이 없기 때문이다.」

〔孟 子〕

故事散策 吳越同舟(오월동주) : 원수지간인 오(吳)와 월(越)나라 사람이 같은 배를 타고 있다는 말로, 아무리 원수지간이라도 한 배에 탄 이상 목적지에 도달할 때까지는 서로 운명을 같이 하며 협력하게 된다는 고사이다. 〈손자〉는 중국의 유명한 병법서로 춘추 시대 오(吳)나라의 손무(孫武)가 쓴 것이다. 제11편 구지(九地)에 보면 다음과 같은 말이 쓰여있다. 「오나라 사람과 월나라 사람은 서로 미워한다. 그러나 그들이 같은 배를 타고 가다가 풍파를 만나게 되면 서로 돕기를 좌우의 손이 함께 협력하듯 한다.」이 해관계를 같이하는 사람은 서로 아는 사람이건 모르는 사이이건 간에 자연히 서로 돕기 마련이란 뜻을 지닌 말로서 동주상구(同舟相求), 동주제강(同舟濟江) 등의 말이 오월동주와 같은 뜻으로 쓰여지고 있다.

NEW WORK BOOK

重要結構

欲爲君子	何不行此	孔孟之道
欲爲君子	何不行此	孔孟之道

욕위군자 : 군사가 되고자 한다면,

하불행차 : 이찌 이외 같음을 행하지 않을 수 있겠는가?

공맹지도 : 공자·맹자의 도(道: 가르침)는

하고자할 욕	위할(될) 위	임금 군	아들 자	어찌 하	아니 불	행할 행	이 차	구멍 공	맏 맹	이(갈) 지	길 도
欲	爲	君	子	何	不	行	此	孔	孟	之	道

欲爲君子 何不行此 孔孟之道

NEW WORK BOOK

重要結構

程 朱 之 學	正 其 誼 而
程 朱 之 學	正 其 誼 而

정주지학 : 또는, 정자·주자의 학문(學問)은,

정기의이 : 그 인의(人義)를 바르게 하면서도,

법 정	붉을 주	이(갈) 지	배울 학	바를 정	그 기	옳을 의	말이을 이
程	朱	之	學	正	其	誼	而
程	朱	之	學	正	其	誼	而

美辭麗句

「人이 莫知其子之惡하며 莫知其苗之碩이니라.」
「사람들은 자기 자식의 악함을 알지 못하고, 자기 싹의 큼을 알지 못하느니라(즉, 인격의 수양이 없이는 공명정대함을 이루기 어렵다는 말).」
〔大 學〕

故事散策 屋上架屋(옥상가옥) : 지붕 위에 또 지붕을 얹는다는 말로, 공연한 헛수고를 하거나 필요없는 일을 거듭해서 하는 짓을 가리키어 일컫는 고사이다. 동진(東晋)의 유중초가 수도인 건강의 아름다움을 묘사한 〈양도부〉라는 시를 지었을 때, 그는 먼저 이 글을 친척인 세도 재상 유양에게 보냈다. 이에 유양은 친척간의 정리를 생각해서 과장된 평을 해 주었다. 「그의 양도부는 좌태충이 지은 삼도부와 비교해도 손색이 조금도 없다.」 그러자 사람들은 서로 다투어 유중초의 이 시를 베껴서 벽에 붙여놓고 감상하느라 장안의 종이값이 오를 정도였다. 그러나 이와 같은 경박한 풍조를 태부로 있던 사안석은 이렇게 나무랐다. 「뭐야! 저 시는 마치 지붕 위에 지붕을 만든 것 같구나. 똑같은 소리를 반복한 데 지나지 않아. 저런 것을 가지고 잘 되었다고 떠들어대는 작자들의 심사를 모르겠군.」

NEW WORK BOOK

重要結構

不謀其利	明其道而	不計其功
不謀其利	明其道而	不計其功

불모기리：그 이(利)만은 결코 꾀하지 아니하였다.

명기도이：공맹지도와 정주지학은 그 도리(道理)를 밝히면서도

불계기공：그 공은 결코 꾀하지 않았다.

아니 불	꾀할 모	그 기	이로울 리	밝을 명	그 기	길 도	말이을 이	아니 불	꾀할 계	그 기	공 공

世界名言

♡ 어떤 분야에서의 탁월함이든 그것은 단지 일생에 걸친 노동을 통해서만 얻을 수 있다. 그것은 이보다 더 싼 가격에 살 수 없다.
사무엘 죤슨 / 영국 저술가

NEW WORK BOOK

重要結構

飽食煖衣	逸居無教
飽食煖衣	逸居無敎

포식난의 : 배불리 먹고 따뜻한 옷을 입으면서도,

일거무교 : 안일하게 살고 있을 뿐 배움이 없다면.

배부를 포	먹을 식	따뜻할 난	옷 의	편안할 일	살 거	없을 무	가르칠 교
飽	食	煖	衣	逸	居	無	敎
飽	食	煖	衣	逸	居	無	敎
飽	食	煖	衣	逸	居	無	敎

美辭麗句

「君子有大道하니 必忠信以得之하고 驕泰以失之니라.」

「군자에게 큰 도가 있으니, 반드시 성실과 신의로써 이를 얻고, 교만함과 방자함으로써 이를 잃느니라.」
〔大 學〕

故事 散策 一葉落天下知秋(일엽락천하지추) : 잎 하나가 떨어지는 것을 보고 온 천하가 가을임을 안다는 뜻으로, 즉 작은 현상만을 보고 큰 근본도 알 수 있어야 한다는 의미의 고사로 일엽지추(一葉之秋)라고도 한다. 「남비 속에서 요리되고 있는 고기 맛을 보려고 남비 속의 고기를 전부 먹어볼 필요는 없다. 그 한 조각만 먹어보아도 남비속의 고기 맛을 전부 알 수가 있다. 또 습기가 차지 않는 깃털과 습기가 잘 차는 숯을 저울에 달아 공기가 건조한지 습기가 차 있는지를 알 수도 있다. 이런 것은 작은 것을 가지고 큰 것을 밝히는 것이다. 또 오동나무잎이 하나 떨어지는 것을 보면 가을이 깊어져 이 해가 저물어 감을 알고 독 안의 물이 얼어 있는 것을 보면 온 세상이 추워진 것을 알 수 있다. 이것은 가까운 것을 보고 먼 것을 알아내는 이치이다.」

NEW WORK BOOK

重要結構

卽近禽獸	聖人憂之	作事謀始
卽近禽獸	聖人憂之	作事謀始
즉근금수 : 곧 짐승과 가까운 것이니.	성인우지 : 성인은 이를 우려함이다.	작사모시 : 일을 하려고 할 때에는 먼저 계획을 세우고

곧 즉	가까울 근	날짐승 금	짐승 수	성인 성	사람 인	근심 우	이(갈) 지	지을 작	일 사	꾀할 모	비로소 시
卽	近	禽	獸	聖	八	憂	之	作	事	謀	始
卽	近	禽	獸	聖	人	憂	之	作	事	謀	始
卽	近	禽	獸	聖	人	憂	之	作	事	謀	始

NEW WORK BOOK

重要結構

出言顧行 常德固持

出言顧行 常德固持

출언고행 : 말을 하려거든 먼저 행실(行實)을 되돌아보라.

상덕고지 : 항상 덕을 굳게 지켜 동요함이 없어야 하며,

날 출	말씀 언	돌아볼 고	행할 행	항상 상	큰 덕	굳을 고	가질 지
出	言	顧	行	常	德	固	持
出	言	顧	行	常	德	固	持
出	言	顧	行	常	德	固	持

美辭麗句

「大學之道는 在明明德하며 在親(新)民하며 在止於至善이니라.」

「大學의 길을 밝은 덕을 밝힘에 있으며, 백성을 새롭게 함에 있으며, 지극한 선에 머무름이 있느니라.」

〔大 學〕

故事散策 自暴自棄(자포자기) : 스스로 자신을 학대하고 자신을 내던지는 것으로, 즉 몸가짐이나 행동을 아무렇게 되는대로 자신을 돌보지 않음을 일컫는 고사이다. 「예의와 도덕을 비방하는 것을 자포(自暴)라 하고 도덕의 가치는 인정하면서 인(仁)이나 의(義) 같은 것은 자기로서는 도저히 손에 닿지 못하는 것이라고 하는 것을 자기(自棄)라고 한다. 사람의 본성은 원래는 선(善)이다. 그래서 사람에 따라 도덕의 근본이념인 인은 평화스러운 가정 같은 것이고, 올바른 도리인 의는 사람으로서의 정도(正道)이다. 평화로운 가정을 거들떠보지 않아 거기서 살려고 하지 않고, 올바른 길을 버리고 행하려 하지 아니하니 참으로 슬픈 일이다.」 맹자의 말대로 하면 함부로 하는 것이 자포이며 행동을 되는대로 하는 것이 자기이다.

世界名言

♡ 다른 사람의 의견에 가장 찬성하지 않는 사람들은 자기 자신의 진리에 대해서는 가장 경솔하게 확신하고 있다.
제임스 맥퀸토쉬 경 / 영국 정치가

NEW WORK BOOK

重要結構 文

然諾重應 / 紙筆墨硯 / 文房四友

然諾重應

紙筆墨硯

文房四友

연낙중응 : 대답은 경솔하게 응닉(應諾)해서는 아니된다.

지필묵연 : 종이와 붓, 그리고 머과 벼루는,

문방사우 : 글방의 네 벗이다.

그럴 연	대답할 낙	무거울 중	응할 응	종이 지	붓 필	먹 묵	벼루 연	글월 문	방 방	넉(넷) 사	벗 우
然	諾	重	應	紙	筆	墨	硯	文	房	四	友

然諾重應　紙筆墨硯　文房四友

然諾重應　紙筆墨硯　文房四友

世界名言

♡ 좋은 책을 읽는 것은 과거에 가장 뛰어난 사람들과 대화를 나누는 것과 같다.
R. 데카르트 / 방법론 서설

NEW WORK BOOK

重要結構

待

美辭麗句

「物有本末하고 事有終始하니 知所先後면 則近道矣니라.」
「모든 사물에는 근본과 말단이 있고, 모든 일에는 시작과 끝이 있나니, 그 먼저 할 바와 뒤에 할 바를 알면 도리에 가까우니라.」

〔大 學〕

晝耕夜讀	盡事待命
晝耕夜讀	盡事待命

주경야독: 낮에는 밭갈고, 밤에는 글을 읽어,

진사대명: 사람으로서 해야 할 일을 다하고 천명(天命)을 기다려라

낮 주	밭갈 경	밤 야	읽을 독	다할 진	일 사	기다릴 대	목숨 명
晝	耕	夜	讀	盡	事	待	命
晝耕夜読				盡事待命			

故事散策

朝三暮四(조삼모사) : 아침에는 세 개, 저녁에는 네 개라는 뜻으로 어리석은 자를 우롱하는 말로 사술로써 남을 속이는 것을 뜻하는 고사이다. 전국시대, 송나라에 조공이라는 사람이 원숭이를 매우 좋아해서 많은 원숭이를 키우고 있었다. 조공과 원숭이는 서로 마음이 통하여 매우 친하게 되었다. 원숭이 먹이를 생각해 식구들의 음식까지 줄였지만 얼마 안가서는 원숭이 먹이까지 줄여야할 형편이었다. 그러나 원숭이가 화를 낼까봐, 「도토리를 아침에는 셋 주고 저녁에는 넷을 주면 어떤가? 충분한가?」하고 묻자 원숭이들은 화를 냈다. 조공은 당황하여 다시 고쳐 말했다. 「그러면 아침에는 넷, 저녁에는 셋으로 하면 좋겠는가?」 아침의 먹이 양이 하나 늘어나는 것을 듣자 원숭이들은 기뻐하며 모두 땅에 엎드려 감사의 뜻을 표했다. 사람 역시 착각하게 하며 속인다는 의미로 쓰인다.

NEW WORK BOOK

重要結構

元亨利貞	天道之常	仁義禮智
元亨利貞	天道之常	仁義禮智

원형이정 : 원(인 : 仁) · 형(예 : 禮) · 이(의 : 義) · 정(지 : 智)은	천도지상 : 하늘 또는 땅 사이의 변하지 않는 도리이며,	인의예지 : 어질고, 의롭고, 예의 바르고, 지혜로움은,

으뜸 원	형통할 형	이로울 리	곧을 정	하늘 천	길 도	이(갈) 지	항상 상	어질 인	옳을 의	예도 례	슬기 지
元	亨	利	貞	天	道	之	常	仁	義	禮	智
元	亨	利	貞	天	道	之	常	仁	義	禮	智

NEW WORK BOOK

人性之綱	禮義廉恥
人性之綱	禮義廉恥

인성지강 : 인간 성품(性品)의 강기(綱紀)이다.

예의염치 : 사람이 행해야 할 네가지 도는, 예(禮)·의(義)·염(廉)·치(恥)로,

사람 인	성품 성	이(갈) 지	벼리 강	예도 례	옳을 의	청렴할 렴	부끄러울 치
八							

人性之綱禮義廉恥

人性之綱禮義廉恥

美辭麗句

「心不在焉이면 視而不見하며 聽而不聞하며 食而不知其味니라.」

「마음이 이에 있지 않으면 보아도 보이지 않으며, 들어도 들리지 않으며, 먹어도 그 맛을 모르니라.」

〔大 學〕

故事散策 酒池肉林(주지육림) : 술로 못을 만들고 고기로 숲을 이루게 했다는 뜻으로 호화스런 생활과 계속되는 진수성찬의 술잔치, 즉 사치하고 음란함을 비유한 고사이다. 주왕은 무능한 사람은 아니었다. 그뿐만 아니라 입이 팔정(八丁)이고 손도 팔정이며 이해력이 민첩하고, 팔의 힘이 사람들보다 뛰어나 맹수를 맨손으로 쓰러뜨리고, 지혜의 힘은 간하는 말을 물리침에 족하고 그의 능변은 자기의 비행을 꾸밀 수 있었다. 그래서 세상에서 자기에게 미치는 자가 없다고 착각하니 뒤따르는 것은 자연 주색이 당연하다. 술망나니가 되고 여자를 좋아하여 달기를 사랑하고 엄청난 세금을 거두어서 녹대에 돈을 쳐넣고 신과 조상의 혼령을 경시하고 신하나 미녀들을 발가벗겨 그 사이에서 쫓는 경주를 시키고 밤낮을 통하여 잔치를 베풀었다. 이에 백성들이 원망하고 제후들의 반란이 속출하게 되었다.

NEW WORK BOOK

重要結構

餘

是謂四維	積德之家	必有餘慶
是謂四維	積德之家	必有餘慶

시위시유 : 이를 일러 사유(四維)라고 한다.

적덕지가 : 덕을 쌓아가는 집안에는,

필유여경 : 반드시 그 경사스러움이 자손까지 미칠것이며,

이 시	이를 위	녁 사	벼리 유	쌓을 적	큰 덕	이(갈) 지	집 가	반드시 필	있을 유	남을 여	경사 경
是	謂	四	維	積	德	之	家	必	有	餘	慶
是謂四維				積德之家				必有餘慶			

NEW WORK BOOK

重要結構

美辭麗句

「言悖而出者는 亦悖而入하고 貨悖而入者는 亦悖而出이니라.」

「말을 거슬리어 나간 것은 또한 거슬리어 들어오고, 재물이 거슬리어 들어온 것은 또한 거슬리어 나가느니라.」
〔大 學〕

積惡之家	必有餘殃

적악지가 : 악을 쌓아가는 집안은 / 필유여앙 : 반드시 그 재앙이 자손에까지 미칠 것이다.

쌓을 적	악할 악	이(갈) 지	집 가	반드시 필	있을 유	남을 여	재앙 앙
積	惡	之	家	必	有	餘	殃
積	惡	之	家	必	有	餘	殃
積	惡	之	家	必	有	餘	殃

故事散策 指鹿爲馬 (지록위마) : 사슴을 보고 말이라 우긴다는 뜻으로 위압으로 남을 짓눌러 바보로 만들거나 그릇된 일을 가지고 속여 남을 죄악에 빠뜨리는 것을 의미한다. 진나라 시황제가 순행하는 도중 사구의 평대에서 죽었다. 북변방을 지키고 있던 장자인 부소에게 〈급히 도읍인 함양으로 돌아와 장례를 행하라〉는 조서를 남기었는데 환관 조고의 손에 들어가 그의 야심을 실현할 수 있는 좋은 기회였다. 상황을 비밀로 하고 도읍으로 돌아와서 부소에게 죽음을 내리고 호해를 제위에 즉위시켰다. 이것이 2세 황제이다. 조고는 야심이 많아 모반을 일으키려고 신하들이 따라 주지 않을 것을 두려워하여 먼저 시험해 보려고 사슴을 가지고 2세 황제에게 드리면서 「이것이 말입니다.」하니 「승상이 잘못 본 것이오. 사슴을 기리켜 말이라고 하오?」그러나 뒤에 여러 신하들은 모두 조고를 두려워하여 아첨했다.

世界名言

♡ 다정스러운 말, 조용한 말은 결국 가장 힘있는 말이다. 이런 말은 가장 사람을 신뢰케 하고 또 억압하고 정복하는 것이다.

랄프 왈드 에머슨 / 미국 시인

NEW WORK BOOK

重要結構

君 爲 臣 綱	父 爲 子 綱	夫 爲 婦 綱
君 爲 臣 綱	父 爲 子 綱	夫 爲 婦 綱
군위신강 : 신하는 임금을 섬기는 것을 근본으로 하고.	부위자강 : 아들은 아버지를 섬김이 근본이며,	부위부강 : 아내는 남편을 섬김이 근본이다.

임금 군	할　위	신하 신	벼리 강	아비 부	할　위	아들 자	벼리 강	사내 부	할　위	지어미 부	벼리 강
君	爲	臣	綱	父	爲	子	綱	夫	爲	婦	綱
君 爲 臣 綱				父 爲 子 綱				夫 爲 婦 綱			

NEW WORK BOOK

重要結構

是謂三綱				父子有親			
是謂三綱				父子有親			
시위삼강 : 이 세 가지를 삼강(三綱)이라 한다.				부자유친 : 아버지와 아들은 친함이 있어야 하고,			
이 시	이를 위	석(셋) 삼	벼리 강	아비 부	아들 자	있을 유	친할 친
是	謂	三	綱	父	子	有	親
是	謂	三	綱	父	子	有	親
是	謂	三	綱	父	子	有	親

美辭麗句

「好人之所惡하며 惡人之所好를 是謂拂人之性이니 재必逮夫身이니라.」

「사람들이 미워하는 바를 좋아하고, 좋아하는 바를 미워하는 것. 이를 사람의 본성에 어긋난다고 이르거니와, 필히 재앙이 그 몸에 미치느니라.」

〔大 學〕

故事散策 千載一遇(천재일우) : 천년에 한 번 만나게 된다는 말로 평생을 두고 있을까 말까 하는 좀처럼 만나기 어려운 좋은 기회를 일컫는 고사이다. 원굉이 삼국 시절의 건국공신 20명을 선발하여 그들 한 사람 한 사람의 행장을 칭찬하는 찬(贊)을 짓고 거기에 서문을 붙인 것이 〈삼국명신서찬〉이다. 그는 이 서문에서「백낙을 만나지 못하면 천년을 가도 천리마 하나 생겨나지 않는다」고 말해 훌륭한 임금과 신하가 서로 만나기란 어려운 것을 비유한 다음 계속해서「무릇 만년에 한 번 기회가 온다는 것은 사람이 살고 있는 세상의 공통된 원칙이요, 천년에 한 번 만나게 된다는 것은 어진 사람과 지혜로운 사람이 용케 만나는 것이다. 이런 기회를 만나면 그 누가 기뻐하지 않으며 이를 놓치면 그 누가 한탄하지 않겠는가?」라고 했다.

96 四字小學

NEW WORK BOOK

重要結構

君臣有義				夫婦有別				長幼有序			
君臣有義				夫婦有別				長幼有序			
군신유의 : 임금과 신하 사이에는 의가 있어야 하며,				부부유별 : 남편과 아내 사이에는 분별이 있어야 하며,				장유유서 : 어른과 어린이 사이에는 차례가 있어야 하며,			
임금 군	신하 신	있을 유	옳을 의	사내 부	지어미 부	있을 유	다를 별	어른 장	어릴 유	있을 유	차례 서
君	臣	有	義	夫	婦	有	別	長	幼	有	序
君臣有義				夫婦有別				長幼有序			

世界名言

♡ 명성은 금관을 쓰고 있지만 향기 없는 해바라기이다. 그러나 우정은 꽃잎 하나 하나마다 향기를 풍기고 있는 장미꽃이다.
D. W. 홈즈

NEW WORK BOOK

重要結構

五

美辭麗句

湯之盤銘에 曰「荀日新이어든 日日新하고 又日新이니라.」 탕왕의 반명에 이런 말이 있다. 「진실로 하루가 새롭게 되거든 나날이 새롭게 하고, 또 날로 새롭게 하라.」
〔大學〕

朋友有信	是謂五倫
朋友有信	是謂五倫

붕우유신:벗과 벗 사이에는 신의가 있어야 한다.

시위오륜:이것을 오륜, 곧 사람으로서 행해야 하는 5가지 상도(常道)라 하는 것이다.

벗 붕	벗 우	있을 유	믿을 신	이 시	이를 위	다섯 오	인륜 륜

故事散策 青出於藍(청출어람) : 쪽이라는 풀에서 나온 푸른색이 쪽보다 더 푸르다는 말로, 열심히 학문에 정진하면 스승보다 뛰어날 수 있다는 뜻으로 스승보다 나은 제자를 일컫는 고사이다. 「학문이란 잠시도 쉬어서는 안된다. 푸른색은 쪽에서 나오지만 쪽보다 더 푸르고 얼음은 물이 얼려 만들어지지만 물보다 더 차다.」 학문에 뜻을 둔 사람은 잠시도 게을리해서는 안된다. 그 예로 쪽이란 풀에 사람의 노력이 가해짐으로 해서 그 쪽의 자체보다도 더 깨끗하고 선명한 푸른 색깔을 낼 수 있으며, 얼음은 물이 얼어서 되어가는 과정이 있기 때문에 물보다 더 차갑게 된다. 그러므로 스승에게서 배우긴 하지만 그것을 더욱 열심히 익히고 행함으로써 스승보다 더 훌륭한 사람이 될 수 있으며, 더 깊고 높은 학문과 덕을 갖게 될 수 있다는 뜻이다.

NEW WORK BOOK

重要結構

視思必明	聽思必聰	色思必溫

視思必明　聽思必聰　色思必溫

시사필명 : 볼 때에는 반드시 분명히 보고 생각해야 하며,

청사필총 : 들을 때에는 반드시 똑똑히 들을 것을 생각하며,

색사필온 : 얼굴빛은 반드시 온화하게 나타낼 것을 생각하며,

볼 시	생각 사	반드시 필	밝을 명	들을 청	생각 사	반드시 필	귀밝을 총	빛 색	생각 사	반드시 필	따뜻할 온
視	思	必	明	聽	思	必	聰	色	思	必	溫
視	思	必	明	聽	思	必	聰	色	思	必	溫

視思必明　聽思必聰　色思必溫

NEW WORK BOOK

重要結構 忠

貌思必恭　言思必忠

모사필공：거동은 반드시 공손(恭遜)히 할 것을 생각하며,

언사필충：말에 있어서는 반드시 충직할 것을 생각하고,

모양 모	생각할 사	반드시 필	공손할 공	말씀 언	생각할 사	반드시 필	충성 충
貌	思	必	恭	言	思	必	忠
貌	思	必	恭	言	思	必	忠

美辭麗句

曾子曰「十目所視며 十手所指니 其嚴乎인저!」
증자께서 말씀하시기를 「열눈이 보는 바이며 열 손이 가리키는 바니, 이에 자신의 행동을 삼가고 두려워할지로다!」
〔大 學〕

故事散策 焦眉之急(초미지급)：눈썹이 타게 될 만큼 위급한 상태란 뜻으로, 그대로 방치할 수 없는 매우 다급한 일이나 경우를 비유한 고사이다. 금릉 장산의 법천불혜선사가 만년에 칙명으로 대상국지해선사의 주지로 임명되었을 때 중들에게 물었다. 「주지로 가는 것이 옳겠는가, 이곳 장산에 머물러 있음이 옳겠는가?」 선사는 계속 도를 닦을 것인가, 황명을 받들어 출세의 길을 모색할 것인가 하고 망설임에 물었던 것인데 아무도 대답하는 사람이 없었다. 그러자 선사는 붓을 들어 명리를 초탈한 경지를 게로 쓴 다음 앉은 채 세상을 떠났다고 한다. 이 법천불혜선사가 수주에 있을 때 그곳의 중들로부터 여러 가지 질문을 받고 대답한 말 가운데 이런 것이 있다. 「어느 것이 가장 급박한 글귀가 될 수 있습니까?」「불이 눈썹을 태우는 것이다.」

NEW WORK BOOK

重要結構

事思必敬				疑思必問				忿思必難			
事	思	必	敬	疑	思	必	問	忿	思	必	難

사사필경 : 일에는 반드시 신중할 것을 생각해야 하며,

의사필문 : 의문이 있거든 반드시 물을 것을 생각하고,

분사필난 : 분한 일이 있거든 반드시 난처(難處)하게 될 것을 생각하고,

일　　사	생각할 사	반드시 필	공경할 경	의심할 의	생각할 사	반드시 필	물을 문	분할 분	생각할 사	반드시 필	어려울 난

世界名言

♡ 목적은 반드시 달성되기 위해서 세워지는 것이 아니고, 표준점의 구실을 하기 위해서도 세워진다.
A. 쥬벨 / 팡세

NEW WORK BOOK

重要結構

得

見得思義 是謂九思

見得思義 是謂九思

견득사의 : 이득(利得)을 보게 되거든 반드시 의리(義理)를 생각하여야 하는 것으로,

시위구사 : 이 思明·思聰·思溫·思恭·思忠·思敬·思問·思難·思義를 구사(九思)라 일컫는다.

볼 견	얻을 득	생각할 사	옳을 의	이 시	이를 위	아홉 구	생각할 사
見	得	思	義	是	謂	九	思
見	得	思	義	是	謂	九	思
見	得	思	義	是	謂	九	思

美辭麗句

「忠恕는 遠道不遠하니 施諸己而不願을 亦勿施於人이니라.」
「충서는(忠恕)는 道에서 멀리 어긋난 것이 아니니, 자기에게 베풀어지기를 바라지 않은 것은, 역시 남에게도 베풀지 말아야 하느니라.」
〔中庸〕

故事散策 破瓜之年(파과지년) : 여자의 나이 16세를 말하는 것인데 첫 경도(월경)가 있게 되는 나이란 의미도 있다. 또 남자의 64세를 가리키기도 한다.

푸른 구슬 참외를 깰 때에 님은 사랑을 못견디어 넘어져 뒹구네

님에게 감격하여 부끄러워도 붉힘 없고 몸을 돌려 님의 품에 안겼네.

이 시에 나오는 파과시는 처녀를 바치던 때라고도 풀이 될 수 있고 또 사랑을 알게 되는 열 여섯의 소녀 나이로도 풀이 될 수도 있다. 또 전도란 말은 전날도봉의 뜻으로 남녀가 함께 정을 나누는 것을 말한다. 과(瓜)란 글자를 쪼개보면 팔(八)이 둘이 된다. 그래서 여자를 참외에 비유하고, 그것을 깨면 여덟이 둘이 되므로 16, 곧 여자의 나이 열 여섯을 가리키게 된 것이다. 또한 남자의 나이 예순 넷을 가리켜 파과라고 하는데 그것은 8을 서로 곱하면 예순 넷이 되기 때문이다.

NEW WORK BOOK

重要結構

足容必重	手容必恭	頭容必直
足容必重	手容必恭	頭容必直

족용필중 : 걸음걸이는 반드시 무게가 있어야 하며,

수용필공 : 손 동작은 반드시 공손하여야 하며,

두용필직 : 머리의 생각은 반드시 곧아야 하고,

발 족	얼굴 용	반드시 필	무거울 중	손 수	얼굴 용	반드시 필	공손할 공	머리 두	얼굴 용	반드시 필	곧을 직

NEW WORK BOOK

重要結構

目 容 必 端	口 容 必 止
目 容 必 端	口 容 必 止

목용필단 : 눈 가짐은 반드시 단정(端正)하여야 하며, ｜ 구용필지 : 입은 반드시 듬직해야 하며,

눈 목	얼굴 용	반드시 필	끝 단	입 구	얼굴 용	반드시 필	그칠 지
目	容	必	端	口	容	必	止
目	容	必	端	口	容	必	止
目	容	必	端	口	容	必	止

美辭麗句

「博學之하며 審問之하며 愼思之하며 明辨之하며 篤行之니라.」

「道를 널리 배우며, 자세히 물으며, 신중히 생각하며, 명백히 분별하며, 독실히 행할지니라.」

〔中 庸〕

故事散策 螢雪之功(형설지공) : 눈 빛과 반딧불의 힘을 빌어 공부하여서 얻은 공이란 뜻으로 가난과 어려운 역경을 딛고 일어서서 고학(孤學)한 성과를 일컫는 고사이다. 손강은 입이 가난해서 기름 살 돈이 없었다. 그래서 불을 밝힐 수 없어 항상 눈빛(雪光)으로 글을 읽었고 그는 젊은 시절부터 청렴결백하여 훗날에는 어사대부라는 벼슬에까지 올랐다. 진나라의 차윤 또한 집이 너무 궁색하여 기름으로 불을 밝힐 수가 없었다. 여름이면 비단 주머니를 어렵게 구하여 수십·마리의 반디를 잡아 그곳에 넣어 그 빛으로 밤을 새우며 글을 읽었다. 그리하여 마침내는 이부상서에까지 올랐다. 이런 이야기로 인하여 고학하는 것을 「형설」이니 「형설지공」이니 말하고 공부하는 서재를 반딧불, 창을 눈으로 된 책상이란 뜻의 「형창설안(螢窓雪案)」이라고도 한다.

NEW WORK BOOK

重要結構

聲 容 必 靜	氣 容 必 肅	立 容 必 德
聲 容 必 靜	氣 容 必 肅	立 容 必 德
성용필정 : 소리 낼 때는 반드시 조용히 하여야 하고,	기용필숙 : 숨쉼은 반드시 고르고 정숙(靜肅)하여야 하며,	입용필덕 : 서 있는 자세는 반드시 바르고 의젓해야 하고,

소리 성	얼굴 용	반드시 필	고요할 정	기운 기	얼굴 용	반드시 필	엄숙할 숙	설　림	얼굴 용	반드시 필	큰　덕
聲	容	必	靜	氣	容	必	肅	立	容	必	德
聲	容	必	靜	氣	容	必	肅	立	容	必	德
聲	容	必	靜	氣	容	必	肅	立	容	必	德

NEW WORK BOOK

重要結構

美辭麗句

子曰「道不遠人이니 人之爲道而遠人이면 不可以爲道니라.」

공자께서 말씀하시기를 「道는 사람에게서 멀지 않은 법이니, 사람이 道를 행하되 사람에게서 멀리한다면 이를 道라 할수 없느니라.」

〔中 庸〕

色容必莊 是謂九容

色容必莊 是謂九容

색용필장 : 얼굴빛은 반드시 엄숙하고 단정하여야 한다.

시위구용 : 이 9가지 몸가짐을 군자(君子)로서의 행해야 할 구용(九容)이라 이른다.

빛 색	얼굴 용	반드시 필	장중할 장	이 시	이를 위	아홉 구	얼굴 용
色	容	必	莊	是	謂	九	容
色	容	必	莊	是	謂	九	容
色	容	必	莊	是	謂	九	容

故事散策 浩然之氣(호연지기) : 호연은 넓고 큰 모양을 일컫는 말로, 호연지기란 천지간에 가득찬 크고 넓은 정기(正氣), 곧 무엇에도 구애받지 않을 만큼 떳떳하고 의연한 기운이라고 할 수 있다. 이 말은 맹자와 그의 제자 공손추와의 문답 가운데 나오는 말이다. 그 문답의 진행 도중 공손추가 「선생님께서는 특히 어느것에 뛰어나십니까?」라고 묻자 맹자께서는 「나는 남의 말을 잘 이해하며, 나는 호연지기를 잘 기르고 있다.」라고 말씀하셨다. 다시 「무엇을 호연지기라고 하나이까?」고 묻자 맹자께서 다음과 같이 대답하셨다. 「말로는 설명하기는 어렵다. 그 기운은 몹시 크고 몹시 굳센 것으로, 그것을 곧게 길러서 해되게 하지 않는 다면, 하늘과 땅 사이에 가득차게 된다. 그 기운이 됨은 정의와 도에 맞는 것으로 이 기운이 없으면 굶주리게 된다.」라고 말씀을 하셨다.

NEW WORK BOOK

重要結構

事師如親				必恭必敬				不敎不明			
事師如親				必恭必敬				不敎不明			
사사여친：스승 섬기기를 부모와 같이 하고,				필공필경：반드시 공손(恭遜)하게, 또 반드시 존경(尊敬)하여라.				불교불명：스승으로부터 가르침을 받지 않아서 내가 명철(明哲)하지 않다면,			
섬길 사	스승 사	같을 여	어버이 친	반드시 필	공손할 공	반드시 필	공경할 경	아니 불	가르칠 교	아니 불	밝을 명
事	師	如	親	必	恭	必	敬	不	敎	不	明
事	師	如	親	必	恭	必	敬	不	敎	不	明
事	師	如	親	必	恭	必	敬	不	敎	不	明

NEW WORK BOOK

重要結構

不知何行	能孝能悌
不知何行	能孝能悌

부지하행 : 사리(事理)를 알지 못하니 무엇을 어떻게 행하겠는가.

능효능제 : 부모님께 효도할 수 있고 웃어른을 공경할 수 있는 것은

아니 부	알 지	어찌 하	행할 행	능할 능	효도 효	능할 능	공손할 제
不	知	何	行	能	孝	能	悌
不	知	何	行	能	孝	能	悌
不	知	何	行	能	孝	能	悌

美辭麗句

仲尼曰「君子는 中庸이요 小人은 反中庸이니라.」
중니께서 말씀하시기를 「군자는 중용에 따라 실천하지만, 소인은 중용을 거스르느니라.」
〔中 庸〕

故事散策 紅一點(홍일점) : 많은 푸른 잎 가운데 한 송이의 붉은 꽃이라는 뜻으로 여럿 속에 오직 하나 이채를 띠는 것으로, 주로 여러 남자들 사이에 끼어 있는 단 한 명의 여성을 일컫는 고사이다. 송대(宋代)의 유명한 정치가이자 문학가였던 왕안석의 석류라는 시에 다음과 같은 구절이 있다.

모두가 푸른 빛 일색인 가운데 단 하나의 붉은 빛－사람들의 마음에 봄의 정취를 일으키는 데는 꼭 그것이 많을 필요는 없으리. 가득한 녹색 속에 홀로 붉게 핀 한 송이 석류꽃의 아름다움이 춘색 제일이라고 칭찬하는 시다. 또 임재시화에는 다음과 같은 말이 있다. 「청주의 추관인 유부가 일찌기 말하길 '시를 생각하는 데 있어서 그 자리 위에 만일 일점홍(一點紅)이 있으면 한 말 정도의 작은 그릇이라도 천의 종(鍾)과 같이 뚜렷하게 두드러질 것이다.'」

NEW WORK BOOK

重要結構

莫非師恩	能和能信	摠是師功
莫非師恩	能和能信	摠是師功

막비사은 : 스승의 은혜가 아닌 것이 없고,

능화능신 : 화목(和睦)할 수 있고 신의(信義)를 지킬 수 있는 것 또한,

총시사공 : 그 모두가 스승의 공이다.

아닐 막	아닐 비	스승 사	은혜 은	능할 능	화할 화	능할 능	믿을 신	거느릴 총	이 시	스승 사	공 공
莫	非	師	恩	能	和	能	信	摠	是	師	功

NEW WORK BOOK

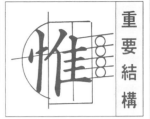

重要結構

三綱五倫　惟師敎之

三綱五倫　惟師敎之

삼강오륜 : 사람으로서 반드시 지켜야 할 삼강과 오륜을 아는 것도,

유사교지 : 오직 스승께서 가르쳐 주신 은덕이요.

석 삼	벼리 강	다섯 오	인륜 륜	오직 유	스승 사	가르칠 교	이(갈) 지
三	綱	五	倫	惟	師	敎	之
三	綱	五	倫	惟	師	敎	之
三綱五倫惟師敎之							

美辭麗句

「天命之謂性이요 率性之謂道요 修道之謂敎니라.」

「하늘이 명해 준 것을 본성(本性)이라 하고, 본성에 따름을 도(道)라 하고, 道를 마름한 것을 가르침이라 하느니라.」

〔中 庸〕

故事散策　畵龍點睛(화룡점정) : 용을 그리고나서 마지막으로 눈동자를 그려 넣는다는 뜻으로 사물의 안목(眼目)이 되는 곳이나, 최후의 손질을 해서 완성시키는 것을 가리키는 말이다. 남북조시대에, 남조의 양무제 때 우군장군이 되었던 장승요는 계속해서 오흥의 태수직을 역임했지만 그림에 재능이 출충한 그는 그림 그리는 일에 열중하여 이옥고 그 방면에서도 유명하게 되었다. 여러 일화들이 있지만 그가 그린 용은 더욱 생생하다. 어느날 소주의 화엄사 객전에 용을 그렸는데 별안간 거센 바람이 불고 천지가 어둡게 되어 그 용이 승천하려 하였다. 그래서 그 용의 몸에 쇠사슬을 그려 넣었는데 그의 신기와 같은 재주가 세상에 널리 알려져 사람들이 몰려들었다. 그는 의심하는 사람들에게 「눈을 그려 넣으면 용은 생명을 얻어 날아가 버리니 눈동자를 그려 넣을 수 없습니다.」하였다.

NEW WORK BOOK

重要結構

非爾自行	惟師導之	其恩其德
非爾自行	惟師導之	其恩其德

비이자행 : 네 스스로의 행실이 잘못된 것이 있다면,

유사도지 : 스승만이 인도(引導)할 수 있을 것이니라.

기은기덕 : 그 크나큰 은혜와 그 인자하신 덕이야말로,

아닐 비	너 이	스스로 자	다닐 행	오직 유	스승 사	인도할 도	이(갈) 지	그 기	은혜 은	그 기	큰 덕
非	爾	自	行	惟	師	導	之	其	恩	其	德
非	爾	自	行	惟	師	導	之	其	恩	其	德

非	爾	自	行	惟	師	導	之	其	恩	其	德

世界名言

♡ 현명한 사람은 말하기 전에 반성한다. 그러나 바보는 말을 하고 나서야 그가 한 말을 되돌아 본다.
아베 드 릴르 / 프랑스 시인

NEW WORK BOOK

重要結構

亦 如 天 地	欲 孝 父 母
亦 如 天 地	欲 孝 父 母

역여천지 : 하늘과 같이 높고, 땅과 같이 넓은 것이니라.

욕효부모 : 부모님께 효도하고자 하면서,

또 역	같을 여	하늘 천	땅 지	하고자할 욕	효도 효	아비 부	어미 모
亦	如	天	地	欲	孝	父	母
亦	如	天	地	欲	孝	父	母
亦 如 天 地	欲 孝 父 母						

美辭麗句

「人一能之어든 己百之하며 人十能之어든 己千之니라.」
「남이 한 번 능히 하거든 나는 백 번을 하고, 남이 열 번에 능히 하거든 나는 천번을 할지니라.」

〔論 語〕

故事 散策 換骨奪胎(환골탈태) : 뼈를 바꾸어 놓고 탈을 달리 쓴다는 뜻으로, 용모가 전혀 몰라볼 정도로 아름다와지거나 시나 문장이 다른 사람의 손을 거침으로써 완전히 새로운 뜻과 아름다운 글귀로 변하는 것을 일컫는 고사이다. 황산곡이 이렇게 말했다. 「시의 뜻은 무궁한데 사람의 재주는 한계가 있다. 한계가 있는 재주로 무궁한 뜻을 쫓는다는 것은 도연명과 두자미라 할지라도 할 수가 없다. 그러나 그 뜻을 바꾸지 않고 그 말을 만드는 것을 일컬어 환골법이라 하고 그 뜻을 본받아 형용하는 것을 탈태법이라고 한다.」 여기서 환골탈태라는 말이 나왔다. 환골탈태의 문장법은 남이 애써 지은 글을 표절하는 것과는 그 인식이 전혀 다르다. 그것을 이용하여 보다 뜻이 살고 보다 돋보이고 보다 절실한 표현을 얻게 되는 것으로 도용이나 표절과는 다르다.

NEW WORK BOOK

重要結構

何不敬師	報恩以力	人之道也
何不敬師	報恩以力	人之道也

하불경사 : 어찌 스승을 공경(恭敬)하지 않을 수 있으리오.

보은이력 : 은혜를 갚고자 애씀이.

인지도야 : 사람의 도리(道理)일진데,

어찌 하	아니 불	공경할 경	스승 사	갚을 보	은혜 은	써 이	힘 력	사람 인	이(갈) 지	길 도	어조사 야
何	不	敬	師	報	恩	以	力	人	之	道	也
何	不	敬	師	報	恩	以	力	人	之	道	也
何	不	敬	師	報	恩	以	力	人	之	道	也

NEW WORK BOOK

重要結構

師有疾病	即必藥之
師有疾病	即必藥之

사유질병 : 스승께서 아픈 곳이 있으시면,

즉필약지 : 곧바로, 반드시 스승께 약을 탕제해 드리고,

스승 사	있을 유	병 질	병 병	곧 즉	반드시 필	약 약	이(갈) 지
師	有	疾	病	即	必	藥	之
師	有	疾	病	即	必	藥	之

即	必	藥	之	師	有	疾	病

美辭麗句

子曰「學如不及이오 猶恐失之니라.」
공자께서 말씀하시기를 「학문은 미치지 못할 것처럼 하되, 오히려 그것을 잃을까 두려워해야 하느니라.」
〔論語〕

故事散策 嚆矢(효시) : 소리나는 화살이란 뜻으로, 옛날 중국에서는 이 우는 화살을 적진에 쏘아 보내는 방법으로 개전(開戰)의 신호를 삼았는데 그래서 모든 사물의 시초나 선례를 일컫는 고사이다. 지금 세상은 사형자의 유해가 서로 베개하고 형벌을 받은 사람이 서로 맞본다. 그런데도 유가(儒家)와 묵가(墨家)들은 발과 손에 차꼬를 찬 사람들 사이에서 팔을 걷어붙이고 있다. 아아, 심하도다. 그 부끄러운 줄을 모르고 부끄러움을 알지 못하니 심하도다. 나는 아직 성인의 지혜가 목의 차꼬와 발의 차꼬에 쐐기가 되지 못하고, 인(仁)과 의(義)란 사람들을 괴롭히고 욕되게 하는 그 차꼬를 채움 당하지 않음을 알지 못하겠다. 걸왕과 같은 폭군이나 도척과 같은 극악무도한 사람의 '울리는 화살'이 되지 않음을 알겠는가? 그러므로 〈성인을 끊고 지혜를 버리면 천하가 크게 다스려진다〉고 하는 것이다.

NEW WORK BOOK

重要結構

問 爾 童 子	或 忘 師 德	莫 以 不 見
問 爾 童 子	或 忘 師 德	莫 以 不 見

문이농자 : 너의 어린 자식들에게 물어. / 혹밍사덕 : 혹, 스승의 온덕을 잊지나 않았나 살펴 보아라. / 막이불현 : 앞 길이 나타나지 않는다고 하여.

물을 문	너 이	아이 동	아들 자	혹 혹	잊을 망	스승 사	큰 덕	아닐 막	써 이	아닐 불	나타날 현
問	爾	童	子	或	忘	師	德	莫	以	不	見
問	爾	童	子	或	忘	師	德	莫	以	不	見
問	爾	童	子	或	忘	師	德	莫	以	不	見

NEW WORK BOOK

重要結構

敢邪此心	觀此書字	何忍不孝
敢邪此心	觀此書字	何忍不孝

감사차심 : 감히 마음을 바르지 않게 갖지 말라.

관차서자 : 이 사자소학(四字小學)을 깨우친 자로써

하인불효 : 어찌 참지 못하고 불효한 마음을 갖을 수 있단 말이오.

감히 감	간사할 사	이 차	마음 심	볼 관	이 차	글 서	글자 자	어찌 하	참을 인	아니 불	효도 효
敢	邪	此	心	觀	此	書	字	何	忍	不	孝

敢	邪	此	心	觀	此	書	字	何	忍	不	孝
敢	邪	此	心	觀	此	書	字	何	忍	不	孝

경조·증품 용어쓰기 (1)

祝生日	祝生辰	祝還甲	祝田甲	祝壽宴	謹弔	賻儀	弔儀	薄禮	餞別	粗品	寸志
祝生日	祝生辰	祝還甲	祝田甲	祝壽宴	謹弔	賻儀	弔儀	薄禮	餞別	粗品	寸志
축생일	축생신	축환갑	축회갑	축수연	근조	부의	조의	박례	전별	조품	촌지

경조·증품 용어쓰기(2)

祝合格	祝入學	祝卒業	祝優勝	祝入選	祝發展	祝落成	祝開業	祝榮轉	祝當選	祝華婚	祝結婚
祝合格	祝入學	祝卒業	祝優勝	祝入選	祝發展	祝落成	祝開業	祝榮轉	祝當選	祝華婚	祝結婚
축합격	축입학	축졸업	축우승	축입선	축발전	축낙성	축개업	축영전	축당선	축화혼	축결혼

잘못 쓰기 쉬운 漢字 (1)

綱	법	강	網	그물	망	問	물을	문	間	사이	간
開	열	개	閑	한가할	한	未	아닐	미	末	끝	말
決	정할	결	快	유쾌할	쾌	倍	갑절	배	培	북돋을	배
徑	지름길	경	經	날	경	伯	맏	백	佰	어른	백
古	예	고	右	오른	우	凡	무릇	범	几	안석	궤
困	지칠	곤	因	인할	인	復	다시	부	複	거듭	복
科	과목	과	料	헤아릴	료	北	북녘	북	兆	조	조
拘	잡을	구	枸	구기자	구	比	견줄	비	此	이	차
勸	권할	권	歡	기쁠	환	牝	암컷	빈	牡	수컷	모
技	재주	기	枝	가지	지	貧	가난	빈	貪	탐할	탐
端	끝	단	瑞	상서	서	斯	이	사	欺	속일	기
代	대신	대	伐	벨	벌	四	넉	사	匹	짝	필
羅	그물	라	罹	만날	리	象	형상	상	衆	무리	중
旅	나그네	려	族	겨레	족	書	글	서	晝	낮	주
老	늙을	로	考	생각할	고	設	세울	설	說	말씀	설
綠	초록빛	록	緣	인연	연	手	손	수	毛	털	모
論	의논할	론	輪	바퀴	륜	熟	익힐	숙	熱	더울	열
栗	밤	률	粟	조	속	順	순할	순	須	모름지기	수
摸	본뜰	모	模	법	모	戌	개	술	戍	막을	수
目	눈	목	自	스스로	자	侍	모실	시	待	기다릴	대

잘못 쓰기 쉬운 漢字 (2)

市	저자	시	布	베풀	포	情	인정	정	清	맑을	청
伸	펼	신	坤	땅	곤	爪	손톱	조	瓜	오이	과
失	잃을	실	矢	살	시	准	법	준	淮	물이름	회
押	누를	압	抽	뽑을	추	支	지탱할	지	攴	칠	복
哀	슬플	애	衷	가운데	충	且	또	차	旦	아침	단
冶	녹일	야	治	다스릴	치	借	빌릴	차	措	정돈할	조
揚	나타날	양	楊	버들	양	淺	얕을	천	殘	나머지	잔
億	억	억	憶	생각할	억	天	하늘	천	夭	재앙	요
與	더불어	여	興	일어날	흥	天	하늘	천	夫	남편	부
永	길	영	氷	얼음	빙	撤	걷을	철	撒	뿌릴	살
午	낮	오	牛	소	우	促	재촉할	촉	捉	잡을	착
于	어조사	우	干	방패	간	寸	마디	촌	才	재주	재
雨	비	우	兩	두	량	坦	넓을	탄	垣	낮은담	원
圓	둥글	원	園	동산	원	湯	끓을	탕	陽	볕	양
位	자리	위	泣	울	읍	波	물결	파	彼	저	피
恩	은혜	은	思	생각할	사	抗	항거할	항	坑	묻을	갱
作	지을	작	昨	어제	작	幸	다행	행	辛	매울	신
材	재목	재	村	마을	촌	血	피	혈	皿	접씨	명
沮	막을	저	阻	막힐	조	侯	제후	후	候	모실	후
田	밭	전	由	말미암을	유	休	쉴	휴	体	상여군	분

반대의 뜻을 가진 漢字 (1)

加	더할 가	減	덜 감	暖	따뜻할 난	冷	찰 랭
可	옳을 가	否	아니 부	難	어려울 난	易	쉬울 이
甘	달 감	苦	쓸 고	男	사내 남	女	계집 녀
強	강할 강	弱	약할 약	內	안 내	外	바깥 외
開	열 개	閉	닫을 폐	濃	짙을 농	淡	엷을 담
客	손 객	主	주인 주	多	많을 다	少	적을 소
去	갈 거	來	올 래	大	클 대	小	작을 소
乾	마를 건	濕	축축할 습	動	움직일 동	靜	고요할 정
京	서울 경	鄉	시골 향	頭	머리 두	尾	꼬리 미
輕	가벼울 경	重	무거울 중	得	얻을 득	失	잃을 실
苦	괴로울 고	樂	즐거울 락	老	늙을 로	少	젊을 소
高	높을 고	低	낮을 저	利	이로울 리	害	해로울 해
古	예 고	今	이제 금	賣	살 매	買	팔 매
曲	굽을 곡	直	곧을 직	明	밝을 명	暗	어두울 암
功	공 공	過	허물 과	問	물을 문	答	대답할 답
公	공평할 공	私	사사 사	發	떠날 발	着	붙을 착
教	가르칠 교	學	배울 학	貧	가난할 빈	富	부자 부
貴	귀할 귀	賤	천할 천	上	위 상	下	아래 하
禁	금할 금	許	허락할 허	生	날 생	死	죽을 사
吉	길할 길	凶	언짢을 흉	先	먼저 선	後	뒤 후

반대의 뜻을 가진 漢字 (2)

玉	옥	옥	石	돌	석	長	길	장	短	짧을	단
安	편아할	안	危	위태할	위	前	앞	전	後	뒤	후
善	착할	선	惡	악할	악	正	바를	정	誤	그르칠	오
受	받을	수	授	줄	수	早	일찍	조	晚	늦을	만
勝	이길	승	敗	패할	패	朝	아침	조	夕	저녁	석
是	옳을	시	非	아닐	비	晝	낮	주	夜	밤	야
始	비로소	시	終	마칠	종	眞	참	진	假	거짓	가
新	새	신	舊	예	구	進	나아갈	진	退	물러갈	퇴
深	깊을	심	淺	얕을	천	集	모을	집	散	흩어질	산
哀	슬플	애	歡	기쁠	환	天	하늘	천	地	땅	지
溫	따뜻할	온	冷	찰	랭	初	처음	초	終	마칠	종
往	갈	왕	來	올	래	出	나갈	출	入	들	입
優	뛰어날	우	劣	못할	렬	表	겉	표	裏	속	리
遠	멀	원	近	가까울	근	豐	풍년	풍	凶	흉년	흉
有	있을	유	無	없을	무	彼	저	피	此	이	차
陰	그늘	음	陽	볕	양	寒	찰	한	暑	더울	서
異	다를	이	同	한가지	동	虛	빌	허	實	열매	실
因	인할	인	果	과연	과	黑	검을	흑	白	흰	백
自	스스로	자	他	남	타	興	흥할	흥	亡	망할	망
雌	암컷	자	雄	수컷	웅	喜	기쁠	희	悲	슬플	비

약자 · 속자 일람표 (1)

본자	약자 속자	뜻과 음		본자	약자 속자	뜻과 음		본자	약자 속자	뜻과 음	
價	価	값	가	國	国	나라	국	兩	両	두	량
假	仮	거짓	가	權	权	권세	권	勵	励	힘쓸	려
覺	覚	깨달을	각	勸	勧	권할	권	歷	厂	지날	력
擧	挙	들	거	歸	帰	돌아올	귀	聯	联	잇닿을	련
據	拠	의지할	거	氣	気	기운	기	戀	恋	사모할	련
劍	剣	칼	검	寧	寧	편안할	녕	靈	灵	신령	령
檢	検	검사할	검	單	单	홑	단	禮	礼	예	례
輕	軽	가벼울	경	斷	断	끊을	단	勞	労	수고로울	로
經	経	글	경	團	団	모임	단	爐	炉	화로	로
繼	継	이을	계	擔	担	멜	담	屢	屡	자주	루
觀	観	볼	관	當	当	마땅할	당	樓	楼	다락	루
關	関	빗장	관	黨	党	무리	당	離	难	떠날	리
館	舘	집	관	對	対	대답할	대	萬	万	일만	만
廣	広	넓을	광	圖	図	그림	도	蠻	蛮	오랑캐	만
鑛	鉱	쇳돌	광	讀	読	읽을	독	賣	売	팔	매
舊	旧	오랠	구	獨	独	홀로	독	麥	麦	보리	맥
龜	亀	거북	귀	樂	楽	즐길	락	面	面	낯	면
區	区	구역	구	亂	乱	어지러울	란	發	発	필	발
驅	駆	몰	구	覽	覧	볼	람	拜	拝	절	배
鷗	鴎	갈매기	구	來	来	올	래	變	変	변할	변

약자 · 속자 일람표 (2)

본자	약자속자	뜻과 음		본자	약자속자	뜻과 음		본자	약자속자	뜻과 음	
邊	辺	가	변	亞	亜	버금	아	轉	転	구를	전
竝	並	아우를	병	惡	悪	악할	악	傳	伝	전할	전
寶	宝	보배	보	巖	岩	바위	암	點	点	점	점
簿	笂	문서	부	壓	圧	누를	압	齊	斉	가지런할	제
拂	払	떨칠	불	藥	薬	약	약	濟	済	건널	제
寫	写	베낄	사	嚴	厳	엄할	엄	卽	即	곧	즉
辭	辞	말	사	與	与	줄	여	證	証	증거	증
狀	状	모양	상	譯	訳	통변할	역	參	参	참여할	참
雙	双	쌍	쌍	驛	駅	역	역	處	処	곳	처
敍	叙	펼	서	鹽	塩	소금	염	鐵	鉄	쇠	철
選	選	가릴	선	營	営	경영할	영	廳	庁	관청	청
續	続	이을	속	藝	芸	재주	예	體	体	몸	체
屬	属	붙을	속	譽	誉	기릴	예	齒	歯	이	치
壽	寿	목숨	수	爲	為	할	위	廢	廃	폐할	폐
數	数	수	수	應	応	응할	응	豐	豊	풍년	풍
獸	獣	짐승	수	醫	医	의원	의	學	学	배울	학
濕	湿	젖을	습	貳	弐	두	이	號	号	이름	호
乘	乗	탈	승	壹	壱	하나	일	畫	画	그림	화
實	実	열매	실	殘	残	남을	잔	歡	歓	기쁠	환
兒	児	아이	아	蠶	蚕	누에	잠	會	会	모을	회

同 音 異 義 (1)

소리는 같지만 뜻이 다른 單語 등을 모아 漢字 공부에 便宜를 꾀하였다.

감사	感謝 監査	근간	根幹 近間 近刊	무기	無期 武器
개화	開花 開化	기구	機構 寄具 氣球	방위	方位 防衛
검사	檢事 檢査	기도	祈禱 企圖	배우	俳優 配偶
경기	景氣 京畿 競技	기사	記事 騎士 技士 技師 己巳 棋士	백화	百花 白花
경전	耕田 慶典 經典			부동	不動 不同
고대	古代 苦待			사고	思考 事故 社告
고적	古蹟 孤蹟 故敵	기상	氣象 起床	사기	詐欺 士氣 死期
공무	公務 工務	노력	勞力 努力	사법	司法 私法
교사	教師 校舍 教唆	녹음	錄音 綠陰	사상	思想 死傷 史上
		답사	答辭 踏査		
교장	校長 教場	도서	圖書 島嶼	선량	選良 善良
국가	國家 國歌	동기	冬期 同期 動機	선전	宣傳 宣戰
국화	菊花 國花	동의	動議 同意	성지	城祉 聖旨 聖地

同 音 異 義(2)

소생	蘇生 小生 所生	영화	映畫 榮華	장관	長官 壯觀
수도	首都 水道	우수	優秀 右手 雨水 優愁	재배	栽培 再拜
수신	受信 修身 水神 守神	우편	郵便 右便	재화	財貨 災禍
				전기	傳記 前期
수업	授業 修業	유산	遺産 流産	전력	全力 前歷 電力
수익	受益 收益	유지	維持 有志 油紙 油脂		
수입	收入 輸入			전문	專門 電文 前文 全文
순간	瞬間 旬刊	은사	恩師 隱士 恩赦		
시장	市場 市長			전시	展示 戰時
식물	食物 植物	의사	醫師 意思 議事	전원	田園 全員
신선	新鮮 神仙	의원	議員 議院	전제	專制 前提
심사	深思 審査	의지	意志 依支	제정	制定 祭政
		이성	理性 異性	주의	主義 注意
안정	安定 安靜	자비	慈悲 自費	차관	次官 借款
양토	養兎 壤土	자원	資源 自願	통장	通帳 統長
				하기	夏期 下記

自己　紹介書

金　珉泳

　저는　商業에　종사하시는　아버지와　집안의　화목을　지키시기　위하여　웃음을　항상　잃지　않는　어머니가　계신　단란한　가정의　一男二女　중　長女로　경기도　양주에서　출생　하였습니다.
　저의　아버지께서는　평상시　엄격하십니

20×10

다만,　한편　다정다감하셔서　저희들은　오히려　옳지　못한　일을　경계하고　스스로들　타의　모범이　되도록　노력하여　왔습니다.
　초등학교와　중학교　시절에　특별활동을　통하여　주산반에서　주산　1급과　고등학교에　진학하면서　그　특기를　살려　주산　1단,　부기　2급,　타자　2급을　획득　하였습니다.　그리고　어려서　부터　아버지를　따라　새벽에　테니스를　습관화하여　규칙

20×10

NO 3

적인 생활로 건강한 체력과 건전한 정신, 적극적이고 명랑한 성격을 길러왔습니다.

　부모님께서는 대학진학을 권유하셨지만 아버지께서 운영하시는 업종이 계속 불경기라는 사실을 알고 1년 전부터 사회인으로서 기능을 원만히 갖추기 위하여 학원에 나가 콤퓨터를 익히고 있습니다. 부모님의 은혜에 만의 일이라도 보답할 수 있고 자신을 위해서라도 자

NO 4

립의지를 가져야 한다고 생각하여 그동안 연마한 실력을 마음껏 발휘하고져 貴社의 문을 두드리게 되었습니다.

　저에게 입사의 영광 주신다면 미력한 힘이나마 社의 發展이 곧 자신의 향상을 가져다 준다는 일념으로 會社의 일익을 담당하는 재원이 되어 최선을 다하겠습니다. 끝으로 貴社의 무궁한 發展을 祈願하며 부디 커다란 기쁨을 저에게 윤허하여 주시길 염원합니다.

一字 多音 漢字

降	내릴	강	降雨量 (강우량)
車	항복할	항	降伏(항복)
	수레	거	車馬費 (거마비)
	수레	차	車庫(차고)
見	볼	견	見聞(견문)
	나타날	현	見夢(현몽)
更	고칠	경	更張(경장)
	다시	갱	更生(갱생)
龜	거북	귀	龜鑑(귀감)
	나라	구	龜玆(구자)
	갈라질	균	龜裂(균열)
金	쇠	금	金屬(금속)
	성	김	김씨(金氏)
茶	차	다	茶菓(다과)
	차	차	茶禮(차례)
度	법도	도	制度(제도)
	헤아릴	탁	度地(탁지)
讀	읽을	독	讀書(독서)
	구절	두	句讀點 (구두점)
洞	마을	동	洞里(동리)
	통할	통	洞察(통찰)
樂	즐길	락	苦樂(고락)
	풍류	악	音樂(음악)
	좋을	요	樂山(요산)
率	비률	률	確率(확률)
	거느릴	솔	統率(통솔)
復	회복	복	回復(회복)
	다시	부	復活(부활)

否	아니	부	否定(부정)
北	막힐	비	否塞(비색)
	북녘	북	南北(남북)
	달아날	배	敗北(패배)
寺	절	사	寺院(사원)
	관청	시	太常寺 (태상시)
狀	형상	상	狀態(상태)
	문서	장	賞狀(상장)
殺	죽일	살	殺生(살생)
	감할	쇄	相殺(상쇄)
塞	변방	새	要塞(요새)
	막을	색	塞源(색원)
索	찾을	색	思索(사색)
	쓸쓸할	삭	索莫(삭막)
說	말씀	설	說明(설명)
	달랠	세	遊說(유세)
	기쁠	열	說乎(열호)
省	살필	성	反省(반성)
	덜	생	省略(생략)
屬	좇을	속	從屬(종속)
	맡길	촉	屬託(촉탁)
帥	장수	수	元帥(원수)
	거느릴	솔	帥兵(솔병)
數	셀	수	數學(수학)
	자주	삭	頻數(빈삭)
拾	주을	습	拾得(습득)
	열	십	參拾(삼십)

食	먹을	식	食堂(식당)
識	밥	사	疏食(소사)
	알	식	知識(지식)
	기록할	지	標識(표지)
惡	악할	악	善惡(선악)
	미워할	오	憎惡(증오)
易	바꿀	역	交易(교역)
	쉬울	이	容易(용이)
切	끊을	절	切斷(절단)
	모두	체	一切(일체)
直	곧을	직	正直(정직)
	값	치	直錢(치전)
參	참여할	참	參席(참석)
	석	삼	參萬(삼만)
推	밀	추	推理(추리)
	밀	퇴	推敲(퇴고)
則	법	칙	規則(규칙)
	곧	즉	然則(연즉)
暴	사나울	폭	暴死(폭사)
	사나울	포	暴惡(포악)
便	편할	편	便利(편리)
	오줌	변	便所(변소)
行	다닐	행	行路(행로)
	항렬	항	行列(항렬)
畫	그림	화	畫順(획순)
	그을	획	劃順(획순)